DESPIERTA
TU
CONCIENCIA

—————————■—————————

DESPIERTA
TU
CONCIENCIA

---

*Cómo desarrollar
el poder de la atracción*

LILIA REYES SPÍNDOLA

Grijalbo

Despierta tu conciencia
Cómo desarrollar el poder de la atracción

Primera edición: octubre, 2007

D.R. © 2007, Lilia Reyes Spíndola

Derechos exclusivos de edición en español reservados
para todo el mundo:

D. R. © 2007, Random House Mondadori, S. A. de C. V.
Av. Homero No. 544, Col. Chapultepec Morales,
Del. Miguel Hidalgo, C. P. 11570, México, D. F.

www.randomhousemondadori.com.mx

Comentarios sobre la edición y contenido de este libro a:
literaria@randomhousemondadori.com.mx

Random House Mondadori México
ISBN: 978-970-810-034-2

Random House Inc.
ISBN: 978-030-739-194-0

Impreso en México / *Printed in Mexico*

*Dedico este libro con gran admiración y respeto
a todos los Maestros que nos han dejado su
invaluable enseñanza de amor y entrega.
Deseo contagiar a mis semejantes con el
mismo anhelo y esperanza que me guiaron en
mi propia búsqueda del Espíritu para poder
despertar en mí la Conciencia*

A Jesús el Cristo

Mi amado Maestro
Mi primer Maestro

•

A San Francisco de Asís

Por su amor y su humildad

•

A la madre Teresa de Calcuta

Mi guía, mi ejemplo, ella que con su sola
presencia y su amor, hizo caer el velo de egoísmo
que cubría mi alma

A mis Maestros terrenales

A mi madre: Lilia Cárdenas Canales
A mi padre: Octavio Reyes Spíndola

A
Omraam Michael Aivanhoo
Gandhi
Paramahansa Yogananda
G. Gurdjieff
P. D. Ouspensky
Osho
Louise L. Hay
Brahma Baba
Viktor Frankl
Carl G. Jung
Charles y Myrtle Fillmors
Philip S. Berg
Kahlil Gibran
Armando Navarro
José Cruz
Pedro Meneses
Miguel Ruiz
Antonio Velazco Piña
Nuria Valcaneras
Gerald G. Jampolsky
Marianne Williamson
Deepak Chopra

A Miguel, a mis hijos: José Octavio, Iliana, Miguel
y Jimena, mis Maestros más cercanos

●

¡Muchas gracias
por su amor!

Índice

Prólogo

Quiero contarte el porqué escribí este libro. Quiero que sepas que yo sola escribí el guión de mi vida y escogí actuar en el papel de víctima. Ahora soy capaz de darme cuenta, pero tuve que sufrir mucho para liberarme de los miedos que me mantenían esclavizada a las dudas que sólo sirven para confundir. No culpo a nadie, acepto la responsabilidad de mi falta de dignidad, acepto mi cobardía: las víctimas podemos llegar a ser un lastre.

Toqué fondo una noche en la cual mi alma estaba agotada de tanto llorar y de escuchar tantas lamentaciones. De pronto me encontré sentada en el suelo de la cocina, en un rincón, deprimida y asustada. Mis ojos se toparon con una jerga, ese pedazo de tela burda que se usa para limpiar el piso. La observé, estábamos a la misma altura, la vi seca, parda, vieja, seguramente con agujeros, debía oler mal pues su existencia se limitaba a limpiar todas las suciedades que cualquiera iba dejando a su paso.

Me comparé con ella: la vi tan fea, que me dije: "Así vas a terminar si continúas aceptando el papel de víctima". Me levanté, la recogí, la metí en una cubeta, la llené con agua y comencé a enjuagarla. Le puse jabón, la lavé con mucho cariño y le agradecí profundamente su silenciosa lección. La dejé muy limpia, la colgué con cuidado y respeto y salí de la cocina. Yo también me sentía limpia y llena de dignidad.

Esa noche murió en mí la víctima; me contemplé como un ser único y dije: "Eres una Chispa de Dios". Esa noche despertó la necesidad de encontrar dentro de mí la fuerza para salir del sentimiento de mediocridad, de la costumbre que me hacía caminar con la voluntad derrotada. Esa noche, decidí dedicarme a buscar el camino espiritual y mental que me enseñaría a creer en la felicidad.

Quería aprender a pensar correctamente, a sentir y actuar con una Conciencia despierta. Me llené de amor, estudié, medité, me observé, puse en práctica mi atención y me di cuenta de lo que era la verdadera vida. Todo venía de adentro, y al fin me perdoné. Así comenzó mi transformación: la oruga rompió el capullo para convertirse en mariposa. Me crecieron unas hermosas alas de color esperanza y alcé el vuelo, libre de miedos, hacia la luz que da el entendimiento.

Introducción

Una nota de la autora para ti

Éste es un libro con pensamientos y afirmaciones que te llevarán de la mano para que inicies el camino hacia tu propia Conciencia.

Despertará en ti el invencible "poder de la atracción", te guiará en una forma sencilla por medio de cuentos, de frases y pasos simples hacia tu propio conocimiento, observarás cómo piensas, cómo sientes y cómo actúas.

Te explicará el porqué y el para qué es importante que te vuelvas consciente, pues al comenzar a trabajar en tu forma de ser y conocerte, cambiarán tus pensamientos y tus experiencias de vida serán mucho mejores, comenzarás a ser el amo de tu mente, vivirás en armonía y paz, dejarás de ser víctima de las circunstancias.

Como existen distintos grados de Conciencia, leerás primero un cuestionario para que evalúes tú mismo en qué nivel de Conciencia vives, de tal manera sabrás qué es lo que debes trabajar más en ti.

A continuación leerás acerca de los niveles del ego terrenal, sabrás cómo es tu personalidad, ubicarás en cuál de los niveles está actuando tu ego y entenderás cómo te manipula con tus miedos.

Por último, trabajarás aplicando los pensamientos y afirmaciones que encontrarás en este libro, éstos están escritos en primera persona y en presente para que los sientas como tuyos.

Al practicar los pensamientos positivos traerás a tus experiencias de vida, armonía, salud y paz, y aprenderás a pensar de forma feliz.

1. Relato de mi despertar

Yo he escrito varios libros de afirmaciones que ahora son *best sellers*. Me di cuenta de que por medio de las afirmaciones pude cambiar mi forma de pensar. De ahí nació mi primer libro *Pensamientos para ser feliz*, el cual ha ayudado a cambiar a muchas personas.

Déjenme contarles cómo empezó mi despertar. El 22 de febrero del año 1989, tuve el privilegio y el honor de conocer a la madre Teresa de Calcuta. Este encuentro cambió el rumbo de mi vida.

Una amiga llamada Vitty sabía la gran admiración que yo le tenía a la madre Teresa de Calcuta y me hizo el favor de invitarme a una misa que se celebraría en la casa de las misioneras de la caridad, en la ciudad de México, ya que la madre se encontraba visitando las nuevas misiones.

Recuerdo que era un día muy frío, a las siete de la mañana. Yo estaba muy emocionada porque iba a conocer a la persona que para mí, era el ejemplo vivo del amor y del servicio, ejemplo que todos los seres humanos deberíamos seguir para cambiar la triste realidad del mundo, pues el egoísmo y el materialismo han dormido a las conciencias.

La pequeña capilla estaba llena de personas en sillas de ruedas. Había niños minusválidos, ancianas y todos los que trabajaban como voluntarios ayudando a las hermanas de la caridad.

La misa dio comienzo y empecé a buscar a la madre Teresa entre los presentes, que estaban sentados en bancas de madera. Me sorprendió verla sentada en el suelo de cemento junto con dos hermanas. En ese momento vi la verdadera humildad en ella y su completa entrega a Dios, pues estaba completamente sumergida en la oración.

Me es difícil describir con palabras el sentimiento que me embargó, fue un encuentro profundo con la verdad. Tenía enfrente de mí la presencia de una persona que era lo que decía que era, hablaba de humildad y vivía en la humildad. Hablaba de servicio y dedicaba su vida entera al servicio del amor para todas las almas que necesitaban de su amor. Hablaba de fe y manifestaba toda ella el poder de la fe en Dios, respetando la integridad y la dignidad de la raza humana, dándole cabida a sus creencias y a sus costumbres, pues lo único que deseaba era servir.

Ella era un ser bondadoso y coherente, cualidades realmente difíciles de encontrar y eso me llenaba de admiración.

La madre Teresa me tocó el alma, sólo de verla a la distancia comencé a llorar, no podía parar de llorar. Describo este momento mágico de mi vida como el despertar de la Conciencia. El velo de egoísmo que cubría mi alma se cayó y me permitió ver con claridad que me faltaba mucho por hacer en este mundo para poder cumplir con mi misión de vida.

A partir de ese día, tuve la bendición de convivir cerca de la madre Teresa y de vivir milagros que despertaron de nuevo la fe consciente en mí.

Pasé a su lado muchas horas, pues estuve con ella en todos los viajes que realizó a México, durante los cuales, hoy me doy cuenta, se me preparó para poder realizar el esfuerzo de comunicar mediante mis libros, mis clases, los programas de radio y televisión, todo lo que he aprendido en mi búsqueda de la Conciencia y la felicidad.

Actualmente estoy escribiendo un libro sobre todas las enseñanzas que me dejó en amor y en servicio, es algo que le debo a la memoria de mi maravillosa maestra.

En una ocasión en que conversábamos a solas en la casa de las misioneras, me preguntó que si ya estaba preparada para ser instrumento de Dios, pues tenía que comenzar a dar servicio hablando sobre el despertar de la Conciencia.

La miré y sonreí. Le dije que yo nunca lo había hecho, que aunque estudiaba y leía mucho sobre desarrollo humano, no me sentía segura como para salir a enseñar.

Ella me tomó de las manos y me dijo: "¡Claro que estás preparada!, sólo es cuestión de que te decidas a hacerlo, ya sabes, tienes que sacar la información que guardas en tu memoria y en tu corazón, pues cuando decides ser instrumento de Dios te conviertes en una antena que recibe la inspiración del alma de tu parte espiritual".

Le respondí que entonces estaría feliz de hacerlo. Me tomó de la mano y juntas entramos a la capilla, nos hincamos, me puso su rosario en las manos y rezamos. Yo no podía creer lo que estaba viviendo, lloraba en silencio y ella me dijo: "Lilia, dile al Señor que quieres ser Su instrumento y dale permiso para que haga uso de ti, porque Él respeta tu libre albedrío; le tienes que decir que quieres ser su servidora". Entonces en voz alta le di permiso al Señor.

Describir la emoción que me envolvía me es imposible, pues la energía de amor y humildad de la madre Teresa había penetrado en lo más profundo de mi alma y no me cansaba de agradecerle a Dios el privilegio que estaba viviendo.

Salimos de la capilla, sentía que volaba, le pregunté que en dónde quería que yo ayudara. Mirándome a los ojos me dijo que comenzaría por dar pláticas en las cárceles, que hablaría a los reclusos sobre valores y principios, que no les hablaría sobre religión, porque si Dios hubiese querido que yo fuera monja, monja sería. Como no era el caso me dedicaría a hablar de perdón, de amor, de respeto, en fin, de todo aquello que llevara hacia la bondad y la Conciencia.

Yo en ese entonces sufría de claustrofobia, y mi peor pesadilla era soñar que me metían a la cárcel, pero me dio vergüenza hablarle sobre mis miedos y lo único que me atreví a decir fue que por favor me mandara a hospitales, orfelinatos, o a cualquier otro lugar que no fuera la cárcel.

Entonces ella sonrió y me dijo: "Tienes que ir a las cárceles, porque allí te vas a curar, te prometo que la primera vez que entres a una cárcel se te va a quitar la claustrofobia". Me quedé sorprendida porque adivinó mi debilidad y le prometí que iría a la cárcel aunque no sabía qué haría para poder entrar.

El Poder de la atracción trabajó con rapidez, porque a los pocos días me encontré con una amiga muy querida, Bertina, a quien hacía mucho que no veía y me contó que la acababan de nombrar directora de la Cárcel Femenil Oriente. Así es que, naturalmente, fue allí donde comencé a dar mi servicio y desde el primer día que entré sola, me curé, como me lo dijera la madre Teresa.

Durante cinco años, di mis pláticas en las cárceles y fui a todas las del estado de Tamaulipas. Me sentí muy feliz dando servicio en ellas y ha sido una de las grandes experiencias de mi vida. Fue en mi universidad, en donde aprendí a sentir el alma de mis semejantes, a respetar y a amar sin juzgar, pues comprendí que yo también podía cometer un error y acabar en la cárcel por inconciencia, o por no estar atenta, por ser manipulada y estar cegada por mi ego terrenal.

Les relaté mi experiencia para que entendieran por qué dedico mi tiempo al amor y a comunicar lo poquito que he ido entendiendo sobre la transformación del pensamiento.

Hoy me considero una mujer muy feliz. Me siento útil y agradecida, ya que estoy cumpliendo con la misión para la cual Dios me mandó a este hermoso mundo.

2. ¿Qué quiere decir Conciencia?

*La Conciencia es "darme cuenta",
es ubicarme en la realidad*

•

Es darme cuenta de lo que estoy pensado

•

Es darme cuenta de lo que estoy sintiendo

•

Es darme cuenta de lo que estoy haciendo

La vida se conforma de pequeños instantes de Conciencia, lapsos que se van entrelazando y los graba la memoria. Son los momentos en que pongo atención y me recuerdo a mí, únicamente éstos son los instantes conscientes que quedan presentes en mi diario vivir.

¿Por qué debo trabajar en el despertar de la Conciencia?

Porque al despertar la Conciencia me ubico en el presente, en el día de hoy y aprendo a observarme. Comienzo a poner atención en lo que estoy pensando, en lo que estoy sintiendo y en lo que estoy haciendo. Aprendo a escuchar y vigilo mucho lo que voy a decir, ya que me doy cuenta de que todo lo que hago creará una consecuencia, y depende sólo de mí que la experiencia que voy a vivir sea placentera, feliz, o desagradable y de sufrimiento.

Al despertar, me vuelvo responsable de mis propios actos y soy capaz de vivir con intención y voluntad. El resultado es que mis experiencias cambian y comienzo a cultivar la armonía, al aprender a disfrutar de todos los momentos que conforman mi vida.

Un cuento
de Conciencia

Había una vez en algún país lejano un viejo y humilde carpintero que se llamaba Geppetto. Vivía solo y soñaba con tener un hijo de carne y hueso. Al no poder realizar su sueño, fabricó un muñequito de madera y le puso por nombre Pinocho. Cuando terminó de hacerlo, se asomó a su ventana para ver el cielo y le pidió a una estrella un deseo: que Pinocho cobrara vida.

Esa misma noche, mientras Geppetto dormía, llegó un hada y tocó a Pinocho con su varita mágica; así, le dio vida. Pero al mismo tiempo, salió de la nada un grillito que se presentó ante Pinocho y le dijo que él era su Conciencia (todos los que hemos sido niños conocemos muy bien este cuento).

El grillito Conciencia no se despegaba de Pinocho. Lo guiaba y lo aconsejaba, le hablaba sobre todo lo que es bueno y le decía que debía estar atento para no cometer errores. Le hacía ver todo lo que es malo. Así comenzaron juntos un largo recorrido de vivencias y experiencias negativas porque Pinocho hizo amistad con muchachos que no sabían de valores ni principios, pero, a pesar de que sufrió mucho, aprendió grandes lecciones de Conciencia y, arrepentido, regresó al buen camino.

Como la verdad y el bien triunfan a la larga, este cuento termina con un Pinocho que el hada convierte en humano, un ser despierto, que puede decidir y escoger el camino de su vida, dando lo mejor de sí con respeto y amor.

¡Y todos fueron felices!

Profundizando

Todos los seres humanos somos como Pinocho. Todos podemos escuchar esa vocecita interior que intenta mantenernos despiertos y atentos ante todo lo que nos sucede en la vida, y digo "nos sucede", porque la mayoría de las veces no estamos conscientes. Actuamos como robots, manejados sólo por los hábitos, ignorando que tenemos el poder suficiente dentro de nosotros mismos para crearnos experiencias agradables, saludables y felices. Si usáramos la voluntad para generar pensamientos, sentimientos y actitudes positivos, entonces seríamos los verdaderos creadores de nuestras experiencias.

El grillito del cuento busca que Pinocho se dé cuenta de todo lo que hace, lo obliga a que se recuerde a sí mismo, que se observe, que se sienta, que esté despierto, que esté consciente para evitarse problemas y sufrimientos, pues si se deja llevar por los impulsos de sus instintos como un animalito y se sumerge en los sueños que provoca la inconciencia, tendrá que pagar precios muy altos de sufrimiento y dolor con decepciones y descalabros.

Nosotros también debemos trabajar en la atención y en la observación de nosotros mismos, para poder darle el rumbo correcto a nuestra intención de vida y lograr así realizar nuestras metas con armonía y paz.

●

¡Nunca es tarde para empezar, comienza hoy!

●

3. El poder de la atracción

El "Poder de la atracción" tiene una energía irresistible, reside en nuestro interior. Opera con naturalidad y sin gran esfuerzo cuando uno está consciente de que lo posee y le comienza a dar fuerza.

Podemos atraer hacia nosotros todo lo que deseamos, sin seducir ni batallar. Esta energía no depende de cómo te ves físicamente, por supuesto que ayuda estar bien presentado y ser carismático, pero la atracción que resulta irresistible es aquella que se mueve conscientemente desde la mente, con un sentimiento de seguridad en ti mismo.

El problema se origina con la creencia de que todo lo que deseamos alcanzar únicamente se consigue por medio de un esfuerzo tremendo y muchas veces se cree que debe venir acompañado de sufrimiento, lo cual es un error enorme.

Este pensamiento es lo primero que debemos eliminar de nuestra mente.

La atracción es como un gran imán que atrae con su energía mental todo aquello que se desea en realidad, al aplicar el pensamiento con una intención específica y definida, poner toda la atención en el presente, en el aquí y en el ahora, vivir el momento, darse cuenta conscientemente de todo aquello que queremos lograr.

No debemos olvidar que lo semejante atrae lo semejante.

Esto quiere decir que debemos observar de manera constante lo que estamos pensando, pues esto será lo que vamos a atraer a nuestra vida.

Si pensamos en salud, en abundancia y felicidad, esto será lo que experimentaremos.

Asimismo, si pensamos en enfermedad, carencia y tristeza, esto será lo que sufriremos.

Todos los seres exitosos que viven en este mundo son personas que tienen la capacidad de concentración sin distraerse, pues saben que esto debilita su Poder de atracción. Eso no quiere decir que las personas muy ricas sean felices.

Los ricos y exitosos pueden tener otro tipo de carencias, de salud, de amor, de comunicación. La razón es que todo su Poder de atracción lo centraron en el dinero y en el éxito, y dejaron a un lado lo demás; se volvieron soberbios y egoístas, a la espera de que el mundo gire a su alrededor.

Por eso es tan importante observarse para poder parar a tiempo, equilibrarse y visualizar los demás aspectos importantes de la vida para atraer con madurez y responsabilidad una realidad sana, armoniosa y feliz.

Se atrae la abundancia con la intención de compartirla con generosidad.

Debemos aprender a recibir todas las bendiciones con un sentimiento sincero de agradecimiento a Dios y a la vida, imaginando que somos vasijas conscientes, abiertas y limpias, siempre listas para alojar en nuestro interior toda la abundancia del bien que nos merecemos. Pero debemos estar atentos para compartir de inmediato con nuestros semejantes todos estos dones para que no se rompa la cadena de la abundancia y favorezca en su camino a otros también.

Al dejar ir y compartir, practicamos el desapego, que es la lección más importante que venimos a aprender en la escuela de la vida. Al actuar así, dejamos espacio libre para que en nuestra vasija podamos seguir recibiendo bendiciones. El egoísmo convierte a los seres humanos en avaros amargados, con miedo de perder sus tesoros y en esclavos, pues dedican sus vidas a cuidar sus cosas materiales y acaban por ser cosas también, llenos de polvo de olvido.

¡Cuidado, observa tus pensamientos
y sentimientos porque el Poder
de la atracción funciona!

4. La observación

La observación es la clave para lograr el despertar de la Conciencia. No debemos confundir los términos "pensar" y "observar".

Pensar es un estado activo. Al pensar se crea, se discurre, se reflexiona, se considera, se compara, se juzga, se decide, se escoge y se llega a conclusiones.

Observar es un estado pasivo. Cuando se observa, uno se convierte en el testigo de sus propios actos, hay silencio interior, se examina todo con atención y se mira sin juzgar. Cuando uno logra un estado de observación más profundo se entra a un nivel de contemplación y paz.

Al estar observando, se calla el parloteo de la mente, porque tenemos puesta la atención en observar lo que ocurre en ese momento.

La observación nos permite conocernos, la atención se centra para darnos cuenta de qué es lo que pensamos, qué es lo que sentimos y cómo actuamos.

Es importante entender que cuando se observa, no se juzga. Sólo se está recabando información que nos va a ayudar.

Aprendemos más de la observación que de las experiencias que vivimos.

Para poder cambiar algo en ti, debes saber qué es lo que está pasando, razonarlo, ubicarlo en el presente y definir la intención para poder trabajar.

Cuando la atención está despierta y algo nos perturba, de inmediato debemos parar y dejar de juzgar o juzgarnos, para conocer el origen de ese malestar, enfrentarlo y preguntarse: ¿qué debo aprender de esto y qué es lo que debo cambiar para poder volver a equilibrarme?

Todo aquello negativo que proviene del resultado de los pensamientos inconscientes y de las creencias falsas con las que nos manipulan de manera colectiva todas aquellas instituciones que manejan el poder en el mundo, incluyendo y usando el temor para dominarnos.

Si queremos sentir a Dios dentro de nosotros, debemos concentrarnos en todo lo que es bueno, porque Dios está en lo que es bueno, no en el resentimiento o en la preocupación.

Cuando algo nos agobia o angustia, entramos en el espacio divino que existe en nosotros y de inmediato llegarán el consuelo y la paz. Desde ahí se puede ver con claridad la solución de los problemas.

Para nosotros no existen los imposibles, ya que somos pequeñas Chispas de Dios.

Primeros pasos para observarme

1. Darme cuenta de lo que estoy pensando.

2. Darme cuenta de lo que estoy sintiendo.

3. Darme cuenta de cómo es el entorno en el que estoy viviendo.

4. Darme cuenta, de lo que estoy haciendo y decidir a dónde quiero ir.

5. Darme cuenta de las personas que viven y actúan a mi alrededor.

6. Darme cuenta del diálogo interno que mantengo conmigo mismo, para saber qué es lo que me repito constantemente en silencio. (Esta actitud te induce a actuar de manera positiva o negativa, pues le estás dando órdenes, a través del pensamiento, a tus células, a tu cuerpo que reacciona y a tus emociones).

Recordatorio

No te vuelvas a distraer, porque caerás dormido de nuevo.

●

¡Obsérvate!
¡Siéntete!
¡Escúchate!

●

5. ¿Para qué sirven las afirmaciones?

Por medio de las afirmaciones comienzas a practicar los pensamientos conscientes. Son frases que lees y te ayudan a ubicarte en una cualidad determinada que debes poner en práctica. Verás lo que tienes que trabajar, ya sea para corregir o para reforzar el bien; las afirmaciones se repiten muchas veces, pero es la única forma en que la mente pone atención.

Cuando decides trabajar en ti, te conviertes en el domador de tus pensamientos, que por lo general se comportan como caballos desbocados dirigiéndose hacia donde se les pega la gana, sin medir las consecuencias. En el momento en que tú tomas las riendas y diriges a tus pensamientos, ellos poco a poco comienzan a disciplinarse, aceptan tus órdenes y obedecen. Entonces ya puedes decir que eres el amo de tu destino.

No sólo se trata de leer las afirmaciones que aquí presentamos. Debes aplicarlas a diario, poniendo de tu parte voluntad y esfuerzo para poder cambiar tu forma de pensar.

Al comenzar a pensar distinto, al manejar tus pensamientos, cambian también tus sentimientos y, en consecuencia, tu actitud ante la vida mejora, reflejándose en forma positiva en tus experiencias de vida.

Lee una afirmación por día. No son muchas, y trabájalas mentalmente; presta mucha atención y obsérvate, verás cuánto vas a aprender de ti mismo.

Te vuelvo a recordar que la repetición es importante porque es la única forma en que la mente corrige sus errores.

¡Es fácil, sólo es cuestión de decidirte, es tan gratificante aprender a pensar la felicidad que no vuelves a perder tu valioso tiempo de vida complicándotela!

6. Inicio del trabajo

Lee con cuidado estos cuestionarios y evalúate. Aprende sobre tu forma de pensar, sentir y actuar. Así, te darás cuenta de cuáles y en dónde están los obstáculos que te has creado; así, podrás trabajar en ellos y superarlos.

Utiliza el tiempo que sientas que es necesario para evaluar cada nivel de tu Conciencia. Pon una marca en la pregunta que describe tu actitud, para que puedas comenzar a aplicar el pensamiento correcto.

Comienza a enfocar tu atención en todo aquello que realizas en forma inconsciente, actuando como un robot, pues te mueves como si estuvieses programado y haces todo de memoria sin intención definida ni atención.

●

*¡En este momento comienzas a aprender,
y a pensar la felicidad!*

●

7. Existen distintos grados de Conciencia

I

Estado de sueño

E l primero es el estado del sueño. Se trata de un estado pasivo pues todo ocurre nada más, no hay iniciativa ni hay intención definida o actividad consciente; te rigen los hábitos. En este estado vives soñando, recordando sólo momentos pasados o preocupándote por el futuro y dándote cuenta con vaguedad de la realidad del presente, del aquí y del ahora. Siempre buscas sensaciones y no hay acción voluntaria, te maneja el robot de los hábitos.

Evalúa tu nivel de Conciencia

Toma un momento de tu día, obsérvate de manera relajada y guarda silencio. Pregúntate en qué estado o nivel de Conciencia vives ahora, para que puedas comenzar con el trabajo de tu despertar. Contéstate estas preguntas con sinceridad; recuerda que sólo te respondes a ti.

Cuestionario para el primer estado

Contéstate "sí" o "no".

1. ¿Vives regido por los hábitos de comportamiento, manejado por aquello que se ha vuelto costumbre en ti, estás siempre preocupado por algo, o enojado sin razón?

2. ¿Careces de iniciativa para emprender nuevos caminos en tu vida y prefieres que todo siga igual, pues temes enfrentar los cambios?

3. ¿Te conformas fácilmente y piensas que todo es suficiente para ti, aunque sea muy poco, porque temes arriesgarte?

4. ¿Eres pasivo, te acomodas en cualquier lugar o situación con tal de tener comodidad, todo te da flojera?

5. ¿Te cuesta trabajo esforzarte para que el día de hoy sea diferente, ya que siempre encuentras disculpas para aplazar aquello que tienes obligación de hacer y te dices: "Lo dejo para mañana"?

6. ¿Te sientes víctima y sólo sabes quejarte? ¿Continuamente te preguntas: "¿Por qué todo lo malo me pasa a mí?" O "¡si yo tuviera dinero, todo sería más fácil y los demás me respetarían!"?

7. ¿Esperas que otros tomen decisiones por ti, te disculpas, y no quieres asumir la responsabilidad, ya que huyes con tal de no crearte problemas porque te sientes con inseguridad?

8. ¿Piensas para no arriesgarte: "Para qué voy a ir, seguro que me van a decir que no, mejor continúo así, yo tengo muy mala suerte"?

• *Conclusión del primer estado* •

Si contestaste "sí" a cinco de estas ocho preguntas, esto quiere decir que tu vida tal como la vives actualmente, es el reflejo de una Conciencia dormida.

El tiempo que te queda de vida es muy valioso para que puedas crecer en tu interior y prosperar en el mundo material, amándote y respetándote, pues vales mucho. Éste es el propósito para el cual estás aquí en el planeta Tierra: evolucionar en tu nivel de Conciencia, aprender de todas tus experiencias diarias, y saber que no sólo eres cuerpo.

Afirmación

Qué triste sería que por dormitar o distraerme, un día me dé cuenta de que mi preciosa vida se me fue en vano.

Es por eso que aprovecho cada instante como si fuera el último. Qué vergüenza me daría que el día que llegue al reino de Dios tenga que arrepentirme, porque ése, mi último día, lo pasé quejumbroso, enojado, o triste en vez de disfrutar lo que me brindaba este mundo.

Estoy poniendo todo lo que está de mi parte para despertar.

Afirmación

Cuando actúo como si estuviera dormido y vivo en forma inconsciente como lo haría un sonámbulo que no sabe a dónde se dirige, me encuentro ausente de mi realidad, ya que no tengo intención ni dirección.

No acepto desperdiciar un solo minuto de mi vida por encontrarme dormitando. Por eso trabajo con ahínco, observándome, para saber hacia dónde voy y qué quiero lograr en mi vida.

Afirmación

Sé que los momentos de Conciencia son muy cortos. Son sólo chispazos de Conciencia los que percibo, sólo por un instante puedo apreciar la verdadera realidad. Esto ocurre cuando algo me sobresalta o corro un gran riesgo, entonces pongo atención. También ocurre cuando algo me interesa; entonces observo y razono. Puede ser por temor, o por un dolor agudo en el cuerpo y en el alma. Incluso puede suceder cuando vivo una intensa alegría, o un momento de éxtasis amoroso o místico.

Sé que de estos momentos aprendo mucho, pues mi atención me ubica en el presente. Valoro mucho estos instantes, siento que vivo en realidad y me esfuerzo por que sean frecuentes y duren más tiempo.

Afirmación

S i quiero en verdad dirigir mi vida, debo comenzar por despertar y observarme para poder conocerme. Al observar cuáles son mis actitudes negativas, podré corregirlas y de inmediato mis experiencias de vida cambiarán.

Al observarme también aprecio mis cualidades y aptitudes positivas, las cuales reforzaré para generarme una realidad feliz, sana y con logros.

Me respeto y me quiero mucho y anhelo para mí lo mejor.

II

Estado activo

El segundo es el estado activo. Te comunicas con tus semejantes, puedes convivir, trabajar, caminar, reír, llorar, comer, en fin, vives y actúas, pero todo lo haces de modo superficial.

Éste es el estado en el que la mayoría de los seres humanos vive: crees que estás consciente todo el tiempo, pero desvías tu atención de todo lo que haces, te distraes, haces muchas cosas a la vez y, como es natural olvidas pronto, grabas sólo algunas cosas en tu memoria.

Cuestionario para el segundo estado

Contéstate "sí" o "no".

1. ¿Has notado que todo lo que haces y piensas se te olvida con rapidez, no recuerdas lo que estabas diciendo y no sabes dónde dejas las llaves?

2. ¿Haces y piensas las cosas de manera superficial sin poner realmente atención? Por ejemplo cuando estás en una clase y termina ¿ni siquiera te acuerdas de qué se trató?

3. ¿Te dejas llevar demasiado por los sentimientos y rara vez te pones a razonar si esa emoción puede ser beneficiosa para ti o te traerá consecuencias negativas?

4. ¿Vives siempre pensando en cambiar de actividad ya sea porque te aburres o porque tienes prisa? ¿Quieres hacer muchas cosas a la vez?

5. ¿Te distraes con mucha facilidad pues cualquier cosa desvía tu atención de lo que estás haciendo, sintiendo o pensando?

6. ¿Quieres siempre darle gusto a tus sentidos corporales para complacerte a pesar de saber que te hace daño?

7. ¿Culpas de tus errores a los demás, dado que te crees perfecto y no soportas la idea de fallar, o huyes de la responsabilidad de tus actos?

8. ¿Caes en depresión con facilidad porque te sientes incapaz de afrontar tu realidad, te refugias en la negación y te hundes en la tristeza?

• *Conclusión del segundo estado* •

Si contestaste "sí" a cinco de estas ocho preguntas, esto quiere decir que tu vida, tal como la vives actualmente, está manejada por las emociones y los sentidos. Te falta lograr un equilibrio y no tienes todavía la capacidad de realizar tus anhelos y lograr tus metas. Por lo general te sientes víctima, incomprendido y frustrado.

La mayoría de los artistas y las personas muy sensibles se deja atrapar por las emociones y siente que la vida no es justa. El peor error es fomentar este pensamiento, pues se le quita fuerza a la voluntad. Todavía tienes mucho que aprender, crees que eres consciente, pero la verdad es que no aplicas tu atención y vives ausente.

Afirmación

G eneralmente vivo largos periodos en los que actúo por costumbre. Por ejemplo: hablar sin tener Conciencia me trae consecuencias negativas pues cometo muchos errores, y el error más grande es creer que siempre estoy consciente de lo que digo.

En este momento hago una promesa: voy a cuidarme de no vivir ausente; sé que las palabras tienen gran poder tanto para hacer el bien como para hacer el mal, por eso prefiero bendecir.

Afirmación

M e doy cuenta de que en muchas ocasiones lleno mi tiempo actuando de memoria, repitiendo vivencias que ya había vivido y que se han vuelto una costumbre. Y es que mi mente, al encontrarse hipnotizada por el juego interminable de pensamientos sin intención, se aturde.

Estoy poniendo atención a mi diálogo interno, pues muchas veces me repito cosas negativas y, al hacerlo, no me doy oportunidad de crear bienestar en mi vida.

De hoy en adelante en mi diálogo interno, sólo me repetiré pensamientos positivos.

Afirmación

La atención me ubica en el presente, estoy consciente de en dónde está puesta mi atención, estoy viviendo el día de hoy, aprendiendo de cada instante.

Le agradezco a Dios cada uno de mis días, pues tengo el privilegio de poder rectificar mis errores al poner atención, así como tengo la capacidad de prosperar y triunfar. Sé que el éxito me está esperando a la vuelta de la esquina.

III

Estado de autoconciencia

E l tercer estado, el de autoconciencia, se alcanza cuando ya trabajas en el recuerdo de ti mismo.

En este estado ya estás observándote. Ya comienzas a trabajar en el autorrecuerdo, ya comienzas a saber quién eres.

En este estado de autoconciencia, es el impulso de la voluntad lo que te ayuda a realizar el esfuerzo.

La voluntad es la que te hace esforzarte y aplicar la atención dentro y fuera de ti. En este nivel ya se está despierto, de aquí en adelante cambia por completo tu forma de mirar la vida.

Ya estás preparado para servir a tus semejantes, ya entendiste que es importante cumplir con la misión para la cual naciste, haciendo uso de todas tus virtudes.

Cuestionario para el tercer estado

Contéstate "sí" o "no".

1. ¿Has notado que ya pones atención en lo que piensas, sientes y haces, no olvidas las citas y cometes menos errores?

2. ¿Ya te observas como si te miraras desde afuera y cuando algo te molesta intentas entender la causa sin disculparte ni culpar a nadie?

3. ¿Acaso has recuperado tu sentido de admiración por lo que vives, por lo que te rodea, por lo que sucede? ¿Intentas aprender, agradeciendo a Dios estar vivo el día de hoy?

4. ¿Le estás dando valor a las cosas positivas en tu vida, te quejas menos?

5. ¿Sabes hacia dónde quieres llegar, ya visualizas tus metas y planeas cómo lograrlas?

6. ¿Ya te observas —físicamente—, razonas el sentimiento que te producen tus experiencias y te das cuenta de cuál es la causa de tus nervios y qué es lo que te provocan?

7. ¿Ya aplicas la voluntad en tus actos, al omitir la frase: "Es muy difícil"?

8. ¿Ya posees voluntad para cambiar hábitos negativos de comportamiento, cumpliendo con una dieta, dejando de fumar, etcétera?

• *Conclusión del tercer estado* •

Si contestaste "sí" a seis de estas ocho preguntas, felicidades, ya estás trabajando para despertar a la Conciencia.

Ya te das cuenta de que estás vivo y que tienes en ti el poder de la voluntad para decidir hacia dónde vas y qué deseas ser.

Ya te observas con concentración, cuando alcanzas este estado, tus momentos de Conciencia duran más, pues vives en el presente con atención.

Tus reacciones inconscientes por ejemplo, el enojo, ya no son tan frecuentes, dado que te das cuenta, te controlas y razonas, ya no vives de mal humor.

En este estado entiendes que cada uno de tus centros, el físico, el emocional y el intelectual tienen memoria, ya grabas en la memoria tus experiencias, ya tienes recuerdo de ti mismo y usas la intención adecuada en lo que quieres lograr.

Afirmación

En la escuela me enseñaron matemáticas, historia, ciencias, computación y muchas materias importantes, pero no me enseñaron cómo aplicar el poder de mis pensamientos conscientes ni a pensar la felicidad.

En este preciso momento me estoy ocupando de aprender y valorar todos los momentos bellos que vivo, para alimentar el sentimiento de felicidad en mí. Quiero estar consciente de que tengo voluntad para generarme abundancia en todos los aspectos de mi vida.

Afirmación

Me doy cuenta de que, cuando caigo en el comportamiento habitual, actúo mecánicamente, como un robot que carece de voluntad y creatividad. Olvido que si cometo un error de pensamiento voy a crearme consecuencias negativas, pues sé que lo que pienso o siento con ahínco y persistencia, bueno o malo, algún día se convertirá en realidad.

Ahora sé que soy un espejo que refleja afuera todo lo que manejo en mi interior. En consecuencia, beneficio o afecto mis vivencias, por eso no me distraigo; razono y corrijo.

Afirmación

Estoy presente en mis instantes de Conciencia con mi atención alerta para poder disfrutar de ellos, estoy aprendiendo de todos estos instantes, tanto los que me regalan placer y alegría como los que me provocan dolor y sufrimiento, porque me dejan lecciones valiosas y son mis mejores Maestros.

Esto es vivir en el presente, no me distraigo pensando en el pasado ni me apuro pensando en el futuro.

IV

Cuarto estado de Conciencia

El cuarto nivel del estado de Conciencia es alcanzado por seres que ya se ubicaron en el nivel del alma. Ellos son los iniciados, los Maestros, los servidores idealistas.

Estos Maestros han trabajado de manera incansable en sí mismos.

En este estado de Conciencia ya tienen entendimiento de las leyes de causa y efecto. En él ya han observado los tres niveles: el físico, el emocional y el intelectual, y han logrado integrarlos.

En este nivel manejan y ordenan sus instintos, los guía la maravillosa sensibilidad de la intuición, el esfuerzo que realizan es consciente y tienen la capacidad de poner atención en todo lo que desean realizar y lograr.

A estos servidores incansables, los apegos materiales ya no los esclavizan. Su meta es amar, es servir a sus semejantes.

Estos seres desarrollan la cualidad de la humildad y prestan gran atención a los avisos que su intuición les dicta. Tenemos como ejemplo a la madre Teresa de Calcuta, a Gandhi y a muchos seres buenos y sabios que han quedado como modelos del bien en la historia de la humanidad.

Éste es el nivel de Conciencia que todos los seres humanos debemos aspirar a alcanzar algún día, para no quedarnos a la mitad del camino, convertidos en seres egoístas, mediocres y tibios.

Al evolucionar como almas, dejamos un ejemplo positivo de actitudes armónicas y éticas.

Ya no nos preocupamos por ver qué clase de mundo les vamos a dejar a nuestros hijos, nos esforzamos por dejar otra clase de hijos al mundo: serán hijos conscientes, y tendrán la virtud de saber amar, respetar y perdonar a sus semejantes.

Revisemos

En la secuencia del trabajo ya hemos visto:

Qué quiere decir Conciencia, la explicación del Poder de la atracción, la importancia de la observación y de las afirmaciones, así como los cuestionarios de tu nivel de Conciencia.

Ahora continuaré con las cualidades necesarias para el despertar de la Conciencia.

Valora la importancia que tienen tus cualidades y entiende que si las aplicas correctamente, poniendo atención, vas a transformar tu vida.

Estas cualidades son tu varita mágica para crearte una realidad placentera. Así, al usar tu Poder de la atracción, te procuras salud mental, emocional y física.

Recordatorio

•

*Un cambio de hábito
cambia el carácter,
el cambio de carácter
cambia el destino.*

•

8. Cualidades necesarias para trabajar en el despertar de la Conciencia

El deseo es el comienzo de todo

El deseo es el que diseña en mi mente la meta que anhelo realizar y me mueve para convertir mis anhelos en logros.

Cuando el deseo y la voluntad trabajan juntos no existen los imposibles.

La razón me convierte en un ser único

La única criatura que posee el privilegio de la razón es el ser humano.

Con la razón puedo distinguir lo verdadero de lo falso, decidir y escoger.

Las siguientes son 22 cualidades que se requieren para trabajar en el despertar de la Conciencia.

1. La voluntad

Es la energía que me es indispensable para vivir y lograr resultados. Es el generador que me impulsa. Debo ponerla a trabajar con disciplina, imponiéndome tareas por cumplir sin excusa ni retraso. Si no practico, mi voluntad se atrofia.

Al nacer, la voluntad fue el impulso que me empujó para salir del vientre de mi madre. Mi voluntad me hizo respirar para vivir.

El día de hoy la voluntad me permitió levantarme de la cama, para comenzar a cumplir con mis tareas diarias.

Por tanto, la voluntad siempre va por delante, abriéndonos el camino, para poder realizarnos como seres humanos.

A medida que le damos fuerza a la voluntad, nos damos cuenta de que funciona como una varita mágica: nuestros deseos se vuelven órdenes en la mente y nuestros pensamientos se disciplinan y obedecen, evitando que nos manipulen y dominen las emociones negativas, como son los miedos, las dudas, las suposiciones, los "no puedo", la apatía.

Todos somos triunfadores en potencia. Si nuestra voluntad está despierta actuando, nos convertimos en los héroes de nuestra propia historia.

2. La ubicación

Es saber que vivo aquí y ahora en el presente.

Conozco mi espacio y mi tiempo, me ubico en él, sin distraerme ni con el pasado ni con el futuro, pues la única seguridad que tengo es estar viviendo en el momento actual. Yo soy el momento.

¿Cómo podemos pretender actuar en la realidad este día sin estar conscientes de que hoy gozamos del privilegio de estar vivos, sin agradecer a Dios?

Para lograr el éxito debemos ubicarnos y poner atención, para darnos cuenta de en dónde estamos parados, para poder trazar la ruta que nos toca recorrer.

Necesitamos crearnos pensamientos ubicados en el presente, en el aquí y ahora, para proyectar nuestra energía sobre ellos deseando experiencias buenas.

No debemos distraernos pensando en el pasado, porque ya quedó atrás. Lo único que nos queda por hacer es observar lo que nos dejó como enseñanza y cuál fue la lección que aprendimos. Hay que bendecir el pasado y dejarlo ir, archivando en la memoria los recuerdos.

Con respeto podemos vislumbrar el futuro, llenarlo de esperanza y de logros positivos, planear y organizar lo que deseamos alcanzar, pero sin olvidar que debemos ser humildes, aceptar que desconocemos los designios del destino y vigilar que la soberbia no nos gane y nos haga creer que nuestro cuerpo es eterno.

3. La intención

Es un propósito definido que debe estar encaminado hacia la actitud correcta para no perderme en el trayecto y actuar negativamente. Mi intención se puede equivocar si me dejo llevar por la inconsciencia, y desvió mi atención, que es la brújula que me guía para continuar adelante hacia el logro de mis metas.

Antes de iniciar cualquier proyecto de vida, debemos revisar cuál es la intención que nos mueve para dirigir los pensamientos a lo que deseamos lograr, pues de lo contrario, perdemos el tiempo y la energía.

La intención es visualizar con claridad el objetivo deseado para poder aplicar el Poder de la atracción, para que se materialice y no se quede en un sueño nada más.

Esto se logra dándole órdenes al genio mágico que habita en nuestra mente, para que canalice la energía que obra los milagros, creándonos salud, armonía y éxito.

4. La decisión

Es saber que el escoger y decidir las diferentes opciones que tengo en la vida son mi privilegio.

No debo perder mi tiempo de vida dudando, debo ser valiente y arriesgarme decidiendo, para poder adentrarme en el misterioso porvenir.

Sin decisión soy como un barco a la deriva que navega sin timón, a merced de los caprichos del mar.

La capacidad de decidir es aplicar la razón, cualidad que nos diferencia de los animales.

Tomar decisiones es ser responsable, es medir las consecuencias de nuestros propios actos; así, seremos los líderes de nuestras vidas.

La tibieza y la indecisión nos convierten en seres mediocres. Las personas miedosas dudan de todo y muchas veces delegan a otros la responsabilidad de escoger las opciones que les competen, con tal de no asumir compromisos.

Los indecisos son los candidatos perfectos para ser víctimas de los manipuladores. Hay que entender que el mundo está lleno de manipulación en todos los niveles, pues los egos sólo buscan a los indecisos para poder satisfacer sus necesidades o sus caprichos.

La decisión trae consigo una poderosa energía que da seguridad.

5. La observación

Debo aprender a observarme y observar todo lo que existe a mi alrededor en este mundo. Es la única forma de llegar a conocerme y conocer lo que me da la vida.

Los grandes sabios de la historia aprendieron del Universo observando, dejándonos un legado de conocimiento muy valioso.

Para poder corregirme o felicitarme por mis acciones, debo volverme el testigo silencioso de lo que pienso, siento y actúo.

En la actualidad se vive en un mundo lleno de prisa y deslumbrados por la superficialidad. No debemos sucumbir y caer en esta actitud distraída y confundida.

¿Cómo podemos pretender cambiar, si en realidad no nos conocemos?

Debemos aprender a observarnos en lo físico, lo emocional y lo mental para poder saber cómo actuamos, y así, corregir nuestros hábitos negativos.

Debemos observar el funcionamiento perfecto de la naturaleza; en ella tenemos el mejor instructor.

La observación mantiene despierta nuestra atención, estamos al día de cuanto ocurre y siempre descubrimos algo nuevo en nosotros, en los demás y en nuestro entorno.

6. La aceptación

Me acepto con mi lado de luz y mi lado de sombra. Acepto mi realidad para poder cambiar lo que es negativo en mí o acrecentar mis virtudes. Acepto las lecciones que me da la vida, placenteras o dolorosas, porque sé que es la única forma de aprender y evolucionar.

Acepto que en mí existe un lado femenino intuitivo y un lado masculino práctico. Al comprenderlo alcanzo el equilibrio; entendiendo mi dualidad, llego a la verdadera sabiduría que me permite vivir armónicamente.

Para poder vivir en armonía, debemos aceptarnos y aceptar nuestra realidad y, a partir de ese punto, comenzar a trabajar en nosotros para evolucionar.

Aceptar es no suponer, es no disfrazar la verdad.

La aceptación te permite ver con claridad y sin excusas.

Todo lo que hay en cada uno de nosotros nos convierte en seres únicos, así es que nuestras cualidades y capacidades son útiles para la evolución del género humano.

Para poder corregir nuestras debilidades, primero debemos aceptarlas sin excusas, enfrentarlas para saber cuál es el trabajo mental consciente que hemos de realizar para cambiarlas.

La aceptación es una actitud humilde ante la equivocación, pero también puede ser un reconocimiento ante las virtudes que poseemos; ésta es la forma de adquirir seguridad en nosotros mismos.

7. La atención

Si presto atención, vivo el día de hoy. Sin atención sólo actúo por costumbre, no puedo evolucionar ni realizar mis anhelos. Muchos de los errores que cometo se deben a que estaba ausente mi atención.

La atención radica en el presente. Si nuestra atención estuviese despierta, en cada momento de nuestra vida seríamos seres conscientes y todopoderosos.

Al limpiar nuestra mente de pensamientos basura que nos distraen, logramos que la atención se centre y producimos resultados prodigiosos.

Entonces todo se vuelve posible, pues la atención busca las salidas correctas que nos llevan a lograr los éxitos.

La mayoría de los errores que cometemos ocurren por no estar atentos. Las cárceles están llenas de personas que actuaron sin poner atención, que faltaron a los valores y principios éticos y morales, sin medir las consecuencias de sus actos.

Cuando actuamos por hábito nos conducimos como robots, en forma mecánica o de memoria. No debemos olvidemos que la Conciencia reside en la atención.

8. La disciplina

En el Universo hay un orden, en mi vida debe existir también un orden. Es la cualidad de la disciplina la que me permite cumplir con mis deberes, la que me impulsa a esforzarme, para lograr que triunfe mi decisión sobre las metas que me impongo.

Nuestra mente obedece a medida que le damos una estructura y la disciplinamos. Lo mismo sucede con nuestro cuerpo y nuestros sentimientos.

La disciplina es respetuosa, enseña a cumplir y obedecer las leyes que ordenan a la sociedad, para no caer en el caos que traen el desorden y la falta de autoridad.

La vida se torna más fácil y nos armoniza cuando se nos enseña cuán importante es ser respetuosos y disciplinados.

Los pensamientos son por naturaleza indisciplinados, pues no les hemos enseñado a obedecer, van a donde quieren. Una forma práctica de que ensayen la disciplina es por medio de la meditación, pues así se acallan los pensamientos.

9. La concentración

La concentración significa adentrarme en mi atención, centrarme, refugiarme en mi silencio interior para observar con profundidad lo que estoy pensando, sintiendo y haciendo.

Sólo si logro concentrarme saco adelante mis ideales y mis metas. Los seres que han triunfado siempre están concentrados.

La concentración no puede ser continua, se maneja por lapsos y los beneficios que aporta son impresionantes.

La concentración es la capacidad de reunir información y meditar sobre los conocimientos y experiencias para poder lograr resultados y conclusiones conscientes.

Nuestra mente es poderosísima para crear, razonar y aprender. Los seres humanos sólo usamos una pequeña parte de su capacidad. Si nos lo proponemos podemos aumentar nuestro potencial mental, concentrándonos con disciplina y prestando atención.

La concentración nos lleva al equilibrio. Por lo tanto, el Poder de la atracción comienza a funcionar cuando la voluntad, la intención y la atención se concentran.

10. La flexibilidad

Soy un ser flexible y sé que nada permanece inmóvil, todo cambia igual que el agua fluye y el viento se mueve. La flexibilidad me permite adaptarme, moverme con facilidad y me protege de no quebrarme en lo físico, lo emocional y lo intelectual. Me ayuda a aceptar otros puntos de vista sin molestarme.

Si no le damos movilidad a los miembros de nuestro cuerpo, éstos se atrofian y nos paralizamos.

Lo mismo ocurre con nuestra mente: cuando cae en la necedad y el fanatismo, la razón pierde la flexibilidad y ya no nos puede guiar correctamente.

Cuando nos perdemos en un mar de confusión y de angustia, los sentimientos se ven encerrados y encadenados por pensamientos rígidos.

La rigidez convierte a los humanos en seres fríos, crueles, enojados y tristes, los vuelve viejos con rapidez.

La flexibilidad nos mantiene jóvenes y con capacidad de adaptarnos a las circunstancias, sin sufrimiento y con movilidad para resistir los embates de los cambios y los vientos.

La flexibilidad acepta.

La rigidez niega.

11. La tenacidad

Debo insistir y persistir hasta que mi mente enmiende sus errores y valore sus aciertos, es la energía extra que aplico para lograr que lo que deseo pueda aterrizar en la realidad. La tenacidad no conoce el cansancio.

El mejor ejemplo para describir correctamente la función de la tenacidad la encontramos en la naturaleza, que siempre cumple con sus ciclos, regalando su generosidad y su abundancia.

La tenacidad no acepta las excusas, pues estos pensamientos le restan energía.

Un ser tenaz siempre alcanza a realizar lo que se propone, ya que tiene el empuje y la flexibilidad de saltar sobre todos los obstáculos que encuentra en el camino, para continuar adelante.

La tenacidad es creativa, cumplida, disciplinada e invencible, trabaja hasta lograr sus metas con inteligencia.

La necedad es obsesiva y no razona, se encierra en su capricho egoísta, falta al respeto y agrede. No debemos confundir a una persona necia con un individuo tenaz, pues la diferencia es muy grande.

12. El desapego

Hay muchos tipos de apegos. No sólo hay apegos materiales, también hay los emocionales y mentales. Todos ellos me pueden quitar la libertad y me atan el día que ya no pueda fluir y avanzar.

Dejo ir pensamientos y sentimientos negativos junto con los apegos materiales innecesarios que no me hacen bien ni me dan felicidad, pues sé que nada es para siempre. Lo único que es eterno es el Espíritu de Dios y mi alma.

El desapego es la lección más importante que vengo a aprender en mi trayecto de vida.

Nos vamos llenando de cosas materiales porque nos dan estatus; pero así dejamos de ser libres, dado que debemos cuidar esas cosas para que no nos las quiten o nos las roben.

Lo mismo nos pasa cuando logramos llegar a un lugar importante en la sociedad; ya no volvemos a tener paz, preocupados por perder el poder o fallar.

En el terreno emocional ocurre lo mismo, nos vamos aferrando al amor o a la presencia de otro ser humano y pensamos que nos pertenece. Queremos poseerlo y comienzan la manipulación y los celos, lo único que ganamos es asfixiar al amor pretendiendo eternizarlo.

Así nos encadenamos a toda clase de apegos sin darnos cuenta; se nos acaba el tiempo de vida, ocupándonos en tener más, en vez de ser felices y disfrutar de la bendición de estar vivos.

Eso no quiere decir que debemos convertirnos en seres mediocres, que no anhelan mejorar, que no arriesgan y se conforman con cualquier cosa.

Podemos desear lo mejor y trabajar para lograrlo, disfrutar de la abundancia y del éxito. Nos merecemos lo mejor de la vida, pero debemos comprender que todo esto es para disfrutarlo y compartirlo, no para sufrirlo. Y es que el día que nos toque irnos partiremos solos y no nos llevaremos nada.

13. El equilibrio

El Universo continúa existiendo por el perfecto equilibrio que lo mantiene funcionando en movimiento constante.

Dentro de mí debo equilibrar lo positivo y lo negativo, lo masculino y lo femenino, el rigor y la clemencia, la luz y la sombra. Al equilibrarme, los excesos ya no me atraen; comprendo que la única forma de lograr la armonía y la paz dentro de mí es nivelar la balanza de mis pensamientos y sentimientos.

En la filosofía de China, el equilibrio es la respuesta final y la más importante para aquel que ha trabajado en la evolución de su ser, pues sabe que la armonía llega con el equilibrio.

El equilibrio se logra cuando ya existe en nosotros la seguridad de nuestros actos, sabemos lo que queremos y hacia dónde vamos, disfrutamos de bienestar al hacer lo que nos gusta.

El equilibrio es madurez, es quietud interior y capacidad de ver con calma y claridad el panorama completo.

Cuando logramos equilibrarnos, el ego se sitúa en el lugar que le corresponde, deja de molestar y ya no nos distrae con sus demandas.

El conocimiento y la intelectualidad nos quitan la ignorancia pero no nos equilibran, nos volvemos adictos a la información y podemos caer en la soberbia.

La sabiduría, en cambio, es la comprensión profunda que da el conocimiento, del cual se desprenden valores y principios. Es un saber prudente y respetuoso que abarca muchos temas, que instruye y busca el equilibrio. La sabiduría es humilde, discreta y noble, no habla mucho, pues no le interesa llamar la atención, pero aplica su saber correctamente y con sencillez en la vida. .

El equilibrio se logra con sabiduría.

14. La humildad

Sólo al ser humilde soy un buen discípulo de la vida, pues sé escuchar para poder aprender y soy capaz de aceptar la verdad como mi guía. La humildad es la sencilla dignidad de los sabios bondadosos, es saber apreciar la simplicidad de la vida y no buscar elogios.

No se debe confundir el concepto de humildad con la falta de dignidad y sumisión absoluta.

El verdadero significado es dejar ir el orgullo falso y la vanidad altanera que se llama presunción, creyendo que las posesiones materiales y los valores inventados convierten a una persona en alguien superior.

La humildad es la nobleza del alma, es el respeto callado que acepta aquello que es verdadero y no ofende, pero defiende su dignidad.

La pobreza no es sinónimo de humildad. Un ser humilde es el que ya tiene la seguridad de saber que posee la riqueza del alma.

Bendito aquel que, teniendo riquezas materiales, no se deja caer en la soberbia y actúa con humildad, comparte y hace fluir su abundancia.

Lo mismo se aplica al erudito que instruye y comparte su conocimiento con una actitud humilde y con el único fin de ayudar a la evolución de la humanidad.

15. La bondad

La bondad está llena de amor.

Es compasiva, paciente, sabe dar, compartir, servir, escuchar, comprender, perdonar, no juzgar, acaricia almas y da libertad.

La bondad se da sin esperar nada a cambio.

Ésta es la cualidad más bella que poseemos los seres humanos, pues somete y vence al egoísmo.

La bondad es generosa y agradecida, está inmersa en la Chispa Divina con la que nacemos.

Debemos pensar y actuar con bondad, ya que este sentimiento adorna nuestra vida y nos regala paz.

La bondad no reclama ni sabe juzgar, sólo sabe dar.

En el mundo competitivo en el que vivimos, la bondad no está de moda porque por lo general se le cuelga la etiqueta de "tontería", y se cree que estorba en el camino de los logros materiales.

No debemos equivocarnos pensando así, pues estamos sacrificando la satisfacción de sentirnos generosos y todopoderosos con nuestro amor.

La bondad no sospecha; confía y se entrega sin dudar. La bondad es simple y fresca, se da con alegría, no busca el intercambio sino que goza del placer de compartir y ayudar.

16. El perdonar

Perdonar es mi gran privilegio. Comienzo por perdonarme para poder trascender mis errores. Al perdonar hago uso del don más bello que me infundió Dios y recuerdo que:

"Sólo seré perdonado si sé perdonar."

El perdón me libera y es el mejor regalo que puedo darme.

Sé que perdonar es olvidar de manera consciente una ofensa recibida, es ponerle punto final al rencor y al resentimiento que produce una falta de respeto a la dignidad.

La madre Teresa de Calcuta decía que cuando no sabemos perdonar vamos cargando un bulto muy pesado de angustia y agonía que, por desgracia, el día que tenemos que partir de este mundo no nos permite despegarnos de esta realidad para volar con libertad hacia la luz, nos ata las alas.

El ego terrenal se ofende fácilmente. Como está lleno de complejos e inseguridad, le cuesta mucho trabajo perdonar.

El alma no se ofende, pues vibra en el amor que está ubicado en un nivel muy alto y no le llegan los sentimientos negativos.

El alma perdona, porque comprende las debilidades del comportamiento humano y sabe de todas las pruebas que tenemos que pasar los humanos para aprender de ellas y superarlas. Por tanto, olvida.

17. El respetar

Respetar es no agredir, no molestar ni ofender la dignidad de otro ser humano, ni la mía, ni la del Universo.

Es poner atención a las leyes éticas, es apreciar, respetando todo lo que tiene vida.

Sé que el respeto me brinda la paz y honra lo que es justo.

El regalo más grande que me da el respeto es vivir en paz.

Esta actitud nos ahorra dificultades y sufrimientos, dado que las agresiones nacen de las faltas de respeto.

El individuo que practica el respeto es un ser consciente, ya que se da cuenta de las consecuencias que trae el violar las leyes morales y éticas por falta de consideración y educación.

Cuando se escucha hablar de una persona respetable, quiere decir que ha logrado actuar apegada a los principios y a la verdad, y esto provoca admiración y respeto.

La mejor aportación que le podemos dejar al mundo es formar hijos e hijas que sepan respetar; ésta es la forma correcta de educarlos y de demostrar el gran amor que sentimos por ellos.

El respeto no permite manipular ni por medio de la razón ni por medio de los sentimientos. Los manipuladores son capaces de mentir con tal de dominar para lograr sus intereses egoístas.

Una persona respetuosa se da cuenta del mal que puede causar, está consciente y sabe el cuantioso precio que se debe pagar a la larga.

Respetar es una forma de amar.

18. La coherencia

Ser congruente quiere decir actuar sin mentir, conforme a lo que digo que soy, a lo que digo que pienso y lo que digo que siento. Ésta es mi forma de ser veraz y respetar mis convicciones.

Ser congruente es no usar disfraces falsos para engañar. Una persona congruente es responsable de sus actos, está convencida de que lo que hace concuerda con sus ideales.

El problema es que los seres humanos decimos ser lo que en realidad no somos, nos inventamos personajes para actuar en distintas circunstancias y escenarios de la vida; todo depende de la ocasión y del grupo en el que interactuemos. Así vivimos engañándonos unos a otros.

Los individuos que actúan conforme a la verdad logran manejar el Poder de la atracción y, en consecuencia, logran una energía impresionante. La congruencia, entonces, opera y se vuelven líderes.

Los pocos seres en el mundo que son coherentes son también admirados y respetados.

19. La responsabilidad

Es aceptar y cumplir las decisiones que tomo en mi vida, comprender que no debo culpar a nadie de mis errores y mis omisiones y aceptar que sólo depende de mí hacer buen uso de mi libre albedrío.

La responsabilidad no tiene edades. Hay niños responsables y hay adultos irresponsables, todo depende de la formación que hemos recibido y de la Conciencia que hemos desarrollado.

Es la obligación de responder por las decisiones que tomamos, midiendo las consecuencias que vamos a generar tarde o temprano.

Un individuo responsable acepta, no culpa, cumple sin disculparse y no busca excusas, mira de frente los problemas y no huye, sabe pedir perdón cuando se equivoca y reconoce sus errores.

El ejemplo que damos los padres y las madres a los hijos es responsabilidad nuestra. Debemos estar atentos a lo que decimos, sentimos y actuamos, pues ellos son como esponjas que absorben todo y, después, actúan acorde con el ejemplo que se les ha dado.

La responsabilidad genera confianza en los demás, ya que la aprecian y respetan; es una perfecta tarjeta de presentación.

20. El silencio

Debo desarrollar en mí el silencio interior, para poder observarme y disciplinar mi mente, ordenándola.

En el silencio, poco a poco voy encontrando la paz, es mi refugio de tranquilidad, quiero escuchar lo que me dice mi alma y un día alcanzar el privilegio de conversar en el silencio con Dios.

Por desgracia, en la sociedad en que vivimos, cada día es más difícil disfrutar el silencio.

Vivimos inmersos en el bullicio, el ruido y el apuro; se cree que es más importante la rapidez que el tiempo para poner atención y no cometer errores.

Es por eso que la meditación comienza a tener un gran auge, ya que es la manera de practicar el silencio, aunque sea por corto tiempo. Es la forma en que aprendemos a disciplinar la mente, para poder ordenar los pensamientos que actúan como caballos desbocados galopando desenfrenados hacia donde se les pega la gana. Entonces, al lograr calmarlos, comienzan a obedecernos y se organizan sin hacer ruido.

Cuando todo esto se logra descansamos en el silencio, para después emerger de él con más energía y con claridad mental para tomar decisiones correctas.

¡La paz del alma se encuentra en el silencio!

21. La fe

La fe es la fuerza de mi Espíritu, es la que me lleva más allá de la razón y me permite creer en los milagros, aviva en mí la esperanza de hacer surgir todo mi bien, toda mi luz interior, para sostener mi vida.

Tener fe es apoyarse en el bien. Es creer en el mundo espiritual de donde se desprende mi energía de vida.

La fe ciega no sirve. Nos vuelve fanáticos y perdemos la capacidad de razonar, escoger y decidir.

La fe consciente en el bien no fanatiza. Nos deja en libertad para escoger cuál es el camino correcto para poder evolucionar.

Cada uno de nosotros es un ser único y tenemos una misión que cumplir individualmente. Por eso la fe tiene muchas denominaciones y existen las diferentes religiones, ya que cada una de ellas profesa su fe en forma distinta.

Todas las religiones son buenas cuando están cimentadas en actos conscientes, capaces de construir y no de destruir.

Las buenas religiones son aquellas que nos llevan a ser mejores seres humanos alejándonos del odio, del rencor y de la venganza, las que nos enseñan a amar y respetar la dignidad humana, así como también a la naturaleza, a los animales y al bienestar del Universo entero.

¡La fe correcta puede mover montañas!

22. El amor

Sé que el amor es la fuerza más poderosa que poseo, la más bella, la más buena, y quiero compartirlo.

En el amor me apoyo para servir y volverme un digno instrumento de Dios.

El amor todo lo cura

Benditos y privilegiados somos los seres humanos, pues tenemos la capacidad de amar.

El amor perdona y olvida, borra de la memoria todo lo negativo.

El amor une, no separa.

El amor no exige, sólo se complace en dar.

El amor no pone condiciones, no es un negocio.

El amor no es víctima, es todopoderoso.

El amor no discute, dialoga.

El amor no juzga; observa y respeta, y sólo da su opinión si se la solicitan.

El amor no toma nada personal, pues está en el alma.

El amor verdadero no se ofende, pero como se respeta mucho no acepta mentiras; está fincado en la verdad.

El amor no manipula a nadie, no lleva intereses ocultos.

El amor es libre, jamás se le puede meter en una jaula.

El amor no tiene precio, es invaluable y no se puede vender.

El amor cree en la bondad y la practica en el respeto y lo brinda; se entrega sin condición.

El amor no desea poseer y el que demanda posesión lo convierte en egoísmo.

Recordatorio

Mi trabajo para despertar a la Conciencia es continuo y constante para que el resultado sea permanente. Si es un trabajo interrumpido y ocasional, no funciona.

Aplicación

Has estudiado las 22 cualidades, al aplicarlas en tu vida de manera consciente, te convertirán en un ser completo, con la capacidad de transformar tus experiencias.

No tomes la aplicación de estas cualidades como un trabajo arduo e imposible. Por el contrario, comienza a darles fuerza en ti con alegría, piensa que te llevarán a la conquista de tu ego.

Hay que vivir la vida como una agradable comedia, no como una tragedia griega.

Recuerda que todos somos actores en el gran escenario de la vida, actuamos en él, según el papel que hemos escogido representar. Puede ser el de la víctima que sufre o el del tirano que manipula y que siempre al final se queda solo, o el del mediocre que se conforma con aquello que le es cómodo y huye, o también el del ignorante que sobrevive ciego dando tumbos.

Por eso debemos leer de antemano el guión de la obra, con atención y responsabilidad, antes de aceptar el papel que escogeremos para representar.

Aplica tus cualidades, toma en cuenta que la vida te brinda muchas opciones para ser feliz.

Afirmación

Me estoy llenando de ilusión y de alegría para iniciar mi despertar hacia la Conciencia. Con estas cualidades alimento mi capacidad de admiración al descubrir, a cada instante, algo nuevo y emocionante en mí y en mi vida. Por eso toda dificultad se convierte en aventura y cada desafío me permite crecer con valentía.

Afirmación

A l aceptar que cada día es un misterio, nunca sé lo que va a pasar, me preparo con gran disposición para aceptar la vida como algo excitante. Y siempre llega algo nuevo, aunque sea insignificante, algo sucederá que desconozco.

Todo esto me motiva para seguir adelante, agradeciendo a Dios la oportunidad maravillosa de poder disfrutar día a día del privilegio de vivir.

¡Qué feliz soy!

Afirmación

Estoy entendiendo que debo estar pendiente para recordar los Principios y Valores Éticos, para cimentar correctamente mis vivencias. Por desgracia, el ruido y el apuro del mundo moderno han alejado a los seres humanos de su Esencia Espiritual, que es lo único que no muere.

Yo me niego a cometer este error, pues estoy consciente del rumbo que deben llevar mis pensamientos para mantenerme siempre en conexión con la fuente Universal que es el Espíritu.

Afirmación

Sé que las células de mi cuerpo cambian continuamente, todo fluye en mí y se renueva, ¿cómo pretendo entonces eternizar los sentimientos, las relaciones amorosas y esperar que no cambien a través del tiempo?

Lo mismo ocurre con las situaciones financieras y laborales. Me doy cuenta de que al entender esto, muchas de las dudas y las angustias que me provoco en la vida al pretender que todo quede igual, se van esfumando, y con sabiduría acepto que los cambios me benefician y me permiten evolucionar.

¡Qué emoción, la vida es una
hermosa aventura!
Y yo soy el protagonista
principal en este desafío.

Afirmación

La era en que vivo es fascinante: en el aspecto intelectual se ha avanzado a pasos agigantados, poseo toda la información; la comunicación es más sorprendente cada día, la tecnología es aplastante.

Me doy cuenta de que todo lo que me ofrece este mundo me ha distraído y me ha aturdido, haciéndome olvidar mi mundo interior. Por eso, las enfermedades de moda. son el estrés y la depresión.

Me estoy esforzando para buscar la armonía en mi vida, ya que sé que es el cielo que yo mismo me creo aquí en el planeta Tierra.

9. ¿Qué me impide evolucionar como alma?

El ego terrenal

A continuación, entrarás en un tema que te va a abrir los ojos y te va a enfrentar ante el gran obstáculo que como ser humano debes trascender: tu propio ego terrenal.

Este ego es el que te manipula mediante el miedo y la duda, para poder seguir sobreviviendo en ti. No está dispuesto a soltarte y quiere esclavizarte con sus demandas de satisfactores sensitivos.

Este ego es insaciable. Cada día te pide más y más si no lo ubicas y le pones un hasta aquí.

Pon atención y evalúate. No te engañes con disculpas y pretextos, descubre y desnuda tu ego terrenal para corregir el rumbo de tu vida.

¡La verdad te hace libre y dejas de sufrir las consecuencias de no dejarte guiar por ella!

Así comienza el viaje mágico

L a historia de cada uno de nosotros, los seres humanos, comienza en el cielo. Lo que te cuento sucede todos los días en algún lugar allá arriba.

En el cielo, la armonía perfecta

La Energía de Dios se encuentra frente a las almas que ya están preparadas para partir hacia su destino en el planeta Tierra.

En ese momento Dios deposita en cada alma, la cual es una hermosa vasija de barro, una Chispa de Su Esencia, que se convierte en nuestro yo superior, nuestro ego superior y nuestra energía de vida, que nos impulsa para que aparezca el deseo en nosotros.

Entonces, cuando estamos listos, Él nos da Su bendición para irnos en paz y nacer.

Pero como el Creador es Sabio y Compasivo, nos ubica en el seno materno, para que nuestras almas, que son libres, se vayan acostumbrando a vivir dentro de un cuerpo que tiene peso, forma y sensaciones.

Pasa el tiempo necesario para que nuestro cuerpo físico se forme en el tibio vientre de nuestra madre y, el día indicado, decidimos salir para aterrizar en nuestra nueva realidad.

*Así comienza nuestro aprendizaje
dentro de un cuerpo.*

La Chispa Divina es el ego superior

El ego superior, que es sabio y sutil, para poderse ubicar en nuestra realidad física, se divide en varios egos pequeños: el ego físico, que se ocupa de nuestro cuerpo; el ego emocional, que se ocupa de los sentimientos, y el ego mental, que se ocupa de los pensamientos. El ego superior les delega a estos egos la responsabilidad de acoplarnos al mundo terrenal.

Al principio, cuando somos niños y comenzamos a crecer, todo lo aprendemos con alegría. La pureza del ego superior nos hace ver lo bueno y excitante de la vida, y nos protege con la inocencia, que funge como Ángel guardián.

En esta etapa somos libres, pues no nos han presentado todavía al miedo.

Los pequeños egos crecen poco a poco en cada uno de nosotros, según las cualidades que traemos al nacer. Así adquirimos seguridad y cumplimos con nuestra misión de vida.

El ego terrenal

Comenzamos a crecer físicamente y, al mismo tiempo, se desarrollan la razón y la emoción, que nos irán enseñando cada día una lección.

Felices y libres, entramos con gran curiosidad a la impresionante jungla que es la vida. Un día, nos topamos en el camino con un robot que está vestido con signos de dinero y con una habilidad que nos seduce. Nos entrega pequeñas monedas de oro falso que brillan mucho, y nos dice que con ellas podemos comprar absolutamente todo, hasta la felicidad. En este preciso momento comenzamos a alejarnos de nuestras almas inocentes, que son nuestro escudo de luz. Entonces nuestra protección desaparece. En la oscuridad tenebrosa de la jungla emerge el miedo, que se presenta como un viento frío que tira, tras de sí, de cadenas que le sirven para esclavizarnos.

El miedo y las dudas sorprenden a nuestros egos terrenales, los cuales se asustan y, para protegerse, se convierten en aliados del miedo, dado su deseo de sobrevivir.

Poco a poco, los egos comienzan a inflarse como globos y a demandar de nosotros cada día más satisfactores de placer y poder. Comenzamos a escuchar repetidas veces, desde nuestro interior: "Yo sólo yo, mío, para mí, dame, quiero más". El miedo, satisfecho, gruñe y con su vaho frío nos dice: "Te voy a quitar, vas a perder", y comienza a manipularnos. Entonces, nos entumimos de miedo y no podemos pensar.

En ese momento, el miedo hace aparecer un paquete de barajas. En cada carta se aprecia un miedo distinto. El miedo a la enfermedad es el que más nos esclaviza, pues nos lleva de la mano a encontrarnos con el mayor miedo que existe, que es el miedo a morir. Después viene el miedo a no tener, que de inmediato limita la abundancia y nos resta seguridad, y así siguen desfilando los miedos: el miedo al dolor y al sufrimiento, el miedo a no ser queridos, el miedo a arriesgarnos, el miedo a no triunfar, el miedo a perder la libertad, el miedo a no ser felices. Podemos enumerar un sinfín de miedos que nosotros mismos escogemos, y aun, nos inventamos más.

De un momento a otro, la magia de la vida se nos escapa, triste se lleva consigo a las hadas, a los duendes, a los magos buenos. Y dejamos de ser niños...

Pero cuando estamos en silencio podemos escuchar una voz dulce y bella que llega desde nuestro interior. Es la voz del ego superior que nos dice: "¡Despierta, despierta!, vuelve a encontrar tu Conciencia, no tienes por qué vivir esclavizado a los miedos, recuerda que eres una pequeña Chispa de Dios".

Reflexión

Con tristeza me doy cuenta de que no hay paz en el mundo, ya que los seres humanos vivimos constantemente en todo tipo de guerras. Las razones son el miedo, el excesivo materialismo y una gran dosis de egoísmo.

No quiero aceptar que esto siga ocurriendo. Por tanto, me enfrento con mi ego terrenal para empezar a educarlo; sé que yo empiezo a cambiar para ayudar al bien en mí. Soy un granito de arena más que ayudará a cambiar esta realidad con mis pensamientos positivos.

"Qué fácil es cambiar hábitos negativos cuando me guía un ideal."

Niveles del ego terrenal

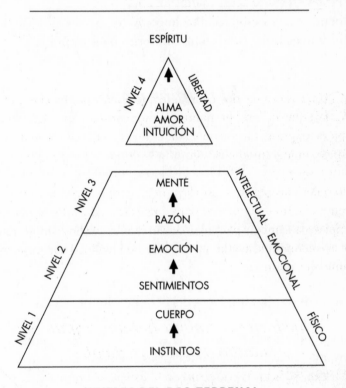

NIVELES DEL EGO TERRENAL

Nota importante:

Esta gráfica sirve para situarte en tu realidad, pues así es como funciona nuestro ego terrenal.

¿En cuál de estos niveles crees que actúas más?

Contéstate esta pregunta sin engañarte ni disculparte, para conocerte y saber qué es lo que tienes que trabajar en ti, dependiendo del nivel de Conciencia en el que vives.

Todos los niveles son igual de importantes. No debes descuidar ninguno de ellos; cada uno te convierte en un ser único.

El primer nivel

El físico es nuestro vehículo sagrado porque gracias a él existimos el día de hoy en el Planeta Tierra, como seres vivientes con cuerpo.

Nuestro cuerpo es la vasija de barro que recibe las bendiciones, es el lugar sagrado en donde reside en el alma y la Energía del Espíritu.

Por medio de él disfrutamos del placer de estar con vida.

Al aprender a equilibrar las demandas del ego físico, podemos gozar de todas las capacidades físicas que poseemos —y que son muchas— y hacer uso de ellas con Conciencia y respeto.

El cuerpo representa en forma simbólica, el Elemento Tierra: si es tierra fértil da frutos y flores, si es tierra árida da abrojos y plantas con espinas.

El segundo nivel

Pertenece al elemento Agua y es el nivel emocional, en el que se mueven los sentimientos.

Imagínatelo como el mar porque las emociones y los sentimientos se comportan como sus aguas. Ellas fluyen dentro de nosotros y nos mueven. Si las aguas están tranquilas nos acarician, nos limpian, nos dan placer, nos permiten disfrutar y gozar intensamente la vida. Si las aguas están inquietas o enfurecidas, nos ahogan, nos angustian, nos privan de los placeres y del gozo; sólo destruyen todo lo que encuentran a su paso.

Por eso debemos equilibrar las emociones y aprender a nadar en ellas, sumergiéndonos hasta sus profundidades conscientemente. No debemos quedarnos sólo en la superficie de las emociones, en donde muchas veces sufrimos el embate de las olas.

El tercer nivel

El tercer nivel es el mental, es el elemento Aire en el que vuelan los pensamientos. Imagínatelo como el aire, en donde las ideas circulan y se deslizan, se meten en todos lados porque son libres.

Sin aire no existiría la vida; sin ideas e ideales no podríamos crear nada.

Si el aire es viento suave o brisa disfrutamos de él, gozamos su frescura y nos deleitamos. Entonces, estos pensamientos crean, razonan, construyen y dejan herencia.

Si el aire está embravecido destruye todo por donde pasa, no crea nada, sólo arrasa, azota y deja vacíos.

El aire es el elemento que tiene poder sobre todos los demás elementos, los mueve como quiere; quiere decir que así son los pensamientos, pues poseen el mismo poder.

El aire (el pensamiento) puede transformar la forma de la Tierra (el cuerpo físico); crea cavidades, la desgasta o deposita en ella lo que va recogiendo en otras partes y la vuelve fértil.

El aire (el pensamiento) puede mover las aguas del mar (las emociones y los sentimientos) a su antojo, crear tranquilidad o formar ciclones que las enfurecen y destruyen con su fuerza cualquier realidad material.

El aire puede intensificar el fuego (la Energía del Espíritu) o apagarlo. Tiene el poder de dar fuerza, ya sea para iluminar, calentar o incendiar.

Éstos son los tres niveles del ego, que habitan en cada uno de nosotros. Al ubicarlos de manera consciente, podemos identificar cuáles son nuestras debilidades; así, tendremos una guía para comenzar a trabajar en ellos.

El cuarto nivel

Al ascender al cuarto nivel, ya hemos logrado equilibrar el ego terrenal; entonces comenzamos, a vibrar más alto y por medio de la intuición tenemos comunicación directa con el ego superior.

Es por eso que es tan importante mantener equilibrado, despierto y consciente el nivel mental. El poder de los pensamientos es enorme y éstos son los que diseñan nuestras experiencias.

En el cuarto nivel, los pensamientos manejan el comportamiento de todos los niveles del ego, reciben la inspiración del Espíritu. Es por eso que si logras equilibrar los pensamientos que crea tu mente, los disciplinas y los ordenas con la razón, todos los resultados que vivirás serán de experiencias positivas.

Si alimentamos nuestros pensamientos con amor, con bondad y con sabiduría, somos capaces de crearnos nuestro cielo en la Tierra.

El ego discute, el alma dialoga

Características negativas del ego terrenal

- El ego no sabe amar, sólo se ama a sí mismo.

- El ego no conoce la humildad.

- El ego no conoce la justicia.

- El ego no sabe escuchar, sólo se escucha a sí mismo.

- El ego no sabe decir "por favor" ni "gracias".

- El ego siempre quiere tener la razón.

- El ego sólo sabe reaccionar.

- El ego es chismoso y juzga.

- El ego exige y no comparte.

- El ego sólo sabe hablar de cosas y no respeta los ideales.

- Al ego sólo le interesan sus logros y no pregunta sobre los logros de los demás.

- Para el ego, dar significa intercambio, lo que da siempre lleva un interés.

- El ego se complace en poseer para manipular.

- El ego usa y pide, sólo comparte lo que le sobra.

- El ego culpa siempre a todos y a todo lo demás.

- El ego es presumido y soberbio.

- El ego necesita testigos que afirmen sus hazañas y digan siempre "sí".

- El ego se aburre con facilidad por que está vacío por dentro.

- El ego compra la amistad para no estar solo.

- El ego siempre se justifica y culpa.

- El ego se alimenta con las alabanzas de los demás.

- El ego es envidioso, siempre quiere ser y tener lo mejor.

- El ego se defiende enojándose para no respetar.

- El ego no se compromete, se evade.

- El ego se satisface, no complace.

- El ego ama el poder para dominar.

- El ego no sabe perdonar.

- El ego seduce para después utilizar.

- El ego es inseguro, necesita la afirmación de los demás.

- El ego sufre si se siente ignorado, quiere siempre llamar la atención.

- Para el ego nada es suficiente, siempre exige más.

- El ego no respeta la dignidad, sólo respeta sus intereses.

Nivel físico del ego

Nivel físico del ego positivo: debo utilizar las cualidades que posee mi nivel físico del ego, pues es el que me ayuda, por medio del instinto de conservación, a continuar con vida. Aprovechar con Conciencia mis maravillosas aptitudes físicas: me reproduzco, respiro, camino, trabajo, me nutro y sirvo a mis semejantes.

Mis manos crean y me ayudan en todo. Al desarrollar las habilidades físicas de mi cuerpo, puedo mantenerme produciendo.

Estas aptitudes físicas son mis bendiciones que me ayudarán a sobrevivir en el mundo material, y me crearán bienestar.

Nivel físico del ego negativo: el ego físico negativo sólo desea satisfacer los placeres sensoriales y mis caprichos. No debo permitir que los instintos de los sentidos manejen de manera inconsciente mi cuerpo, pues cometo muchos errores; los instintos me hacen reaccionar inconscientemente y son insaciables. Demandan los excesos en el sexo, en comer, en beber, y en un sinfín de placeres y vicios. Cuando me dejo llevar por los instintos actúo como lo hacen los animales y la agresividad se expresa a golpes; las cárceles están llenas de egos negativos que cometen errores.

Nivel emocional del ego

Nivel emocional del ego positivo: el ego emocional me permite amar. Debo agradecer a Dios la capacidad de sentir y vibrar con las emociones. Con la sensibilidad me inspiro para convertirme en creador de belleza, de arte, de comunicación, doy servicio a mis semejantes con amor, soy capaz de sentir compasión y perdonar.

La sensibilidad emocional me permite apreciar todo lo sublime y me transporta con facilidad al mundo místico, es el hilo invisible que me pone en contacto con los sentimientos.

Nivel emocional del ego negativo: el ego emocional negativo me manipula y desea convertirme en víctima. Los sentimientos los observo para controlarlo, ya que es peligroso dejarme ir en el mar inquieto de las emociones. La distracción se presenta con facilidad en el nivel emocional: tiendo a soñar mucho y puedo llegar a sentirme fuera de lugar. Mi sensibilidad es exagerada y pienso que los que me rodean no me comprenden; esto me puede llevar a la depresión, a la abulia y a la soledad.

Nivel mental del ego

Nivel mental del ego positivo: el intelecto razona y debe entender el porqué y el para qué de todo lo que voy a realizar. Es la forma de organizar mis pensamientos, sé que por medio de la mente aprendo y comprendo.

Todo comienza en la mente. Es a través de las ideas que los seres humanos creamos. Sé que con mi mente diseño las experiencias de mi vida, nada de lo que me sucede es casualidad, es *causal*. Es por medio de mis pensamientos que todo lo traigo a la realidad.

Debo estar consciente, darme cuenta del privilegio que poseo al poder pensar, razonar, escoger y decidir lo que quiero hacer de mi vida. Esto es lo que me diferencia de los animales, yo soy el arquitecto de mi destino.

Nivel mental del ego negativo: el ego mental negativo desea convertirme en un ser frío y soberbio, me hace creer que sé más que nadie, entonces me dedico a juzgar sintiéndome perfecto y no sé escuchar.

La agresividad mental es muy cruel, se puede manipular, ofender y esclavizar a otro ser inculcándole miedo.

Este ego se niega a los cambios y es el que me ata, me llena de temor, me resta seguridad y me confunde para mantenerme en la tibieza y en la mediocridad defendiéndome y culpando a los demás.

El Ego superior

Nivel del alma

Nivel del alma: al ascender mi alma a este nivel, puede observar con Conciencia el comportamiento de los otros tres niveles del ego terrenal, dado que ya los maneja y los equilibra con sabiduría.

Aquí la personalidad (el ego terrenal) cede su lugar a la individualidad que me convierte en un ser único.

La intuición es mi guía, es la antena que me conecta para mantener comunicación con el mundo invisible del Espíritu de la Conciencia Universal.

En este nivel todo se ve por medio del amor que venció al miedo, que es el arma que maneja el ego terrenal para esclavizarme.

En este espacio maravilloso trabajan y sirven los seres que han decidido ser instrumentos de Dios, asumen la responsabilidad de servir, de respetar, de comprender y perdonar. Aquí actúa el amor incondicional.

Pequeño cuento triste

Cuenta una leyenda que una vez un hombre estaba tan enojado consigo mismo, que se castigaba enojándose con los demás; gritaba, insultaba, culpaba y juzgaba a todos y a todo a su alrededor.

Y un día... cuando despertó de su enojo, se percató de que vivía en una isla, solo por completo. Esa isla la había construido ayudado por su propio ego negativo con arenas de rencores y rocas tristes de depresión.

¿Cómo nos esclaviza el ego? Por medio del miedo

El miedo

La vida no es segura, es peligrosa. Es una aventura misteriosa, y nunca sabemos qué nos va a ocurrir el próximo instante.

El miedo más grande que experimenta el ser pensante es a morir, porque ignoramos hacia dónde nos va a llevar la muerte. Tenemos pavor de perdernos a nosotros mismos, a nuestros cuerpos, a nuestras posesiones afectivas y materiales, y como es natural, no deseamos desapegarnos. No nos damos cuenta de que es la lección más importante que venimos a aprender en la vida.

Olvidamos que somos almas. Dudamos que en realidad lo somos, porque no es comprobable. Nos negamos a aceptar que nuestro cuerpo es temporal y nos duele mucho que no sea eterno.

Pero también hay muchas personas que tienen mucho miedo de vivir y no se arriesgan. Prefieren vivir en la mediocridad, cuidándose, desconfiando de todo y defendiéndose para no perderse.

El miedo pierde su fuerza cuando se razona, cuando entiendes de dónde proviene y eres capaz de ponerlo bajo el microscopio de la razón para analizarlo. Entonces, hasta le sonríes cuando caes en cuenta de que era tu forma de protegerte para sobrevivir, que sólo necesitabas razonar para borrarlo de tu memoria.

El miedo es algo natural que te ayuda a sobrevivir. Te frena para que no cometas tonterías; por ejemplo, no te tiras de lo alto de un edificio porque sabes que, como no eres pájaro, no puedes volar y si caes de esa altura vas a morir. Ese miedo que sientes es innato y esencial, pues tienes un objetivo que es ¡vivir!

El miedo a lo desconocido es normal; debes tomar precauciones para protegerte. Pero cuando ya conoces los riesgos y los razonas, trazas tu plan, diseñas estrategias que te protegerán y continúas hacia delante. Así superas ese miedo con inteligencia.

Los miedos que en verdad te esclavizan son los que inventas, los miedos sin razón, por ejemplo: "No me subo al avión porque muchos mueren en accidentes aéreos", y dejas de viajar y te pierdes del privilegio de conocer otros países, otras personas, otros paisajes, otras costumbres, sólo por temor. ¡Qué tontería! Si lo ves así no te deberías acostar a dormir en una cama, porque es el lugar donde más personas mueren. ¡Qué peligrosas son las camas!

Teniendo miedo es como más desperdicias la energía que necesitas para vivir, y es como te acercas a la muerte que tanto temes. La ira, el enojo, los celos, el rencor, el odio, los deseos de venganza, traen como consecuencia una descarga tremenda de energía, te minan interiormente con explosivos, que al detonarse destruyen parte de ti. Así te enfermas, sufres, y restas capacidades para poder moverte con seguridad y dignidad en tu vida.

No permitas que te ganen los miedos, éstos te matan poco a poco y cuando llega el día de la muerte te encuentran muerto en vida, pues te has enterrado.

Cúrate de los miedos. Enfréntalos, razónalos y recuerda que el miedo es parte de la muerte, no de la vida. Llénate de amor, para que ese amor se convierta en un escudo que te proteja contra las inclemencias del miedo.

Un torero contra el miedo

Hace algunos años tuve la oportunidad de realizar un programa de radio, en el cual entrevistaba a triunfadores, a personas famosas por ser líderes en la profesión que desempeñaban. Fue un trabajo gratificante, ya que debía conocerlos desde el aspecto espiritual, tenía que dialogar con sus almas.

Entre las personalidades que escogí para entrevistar, busqué a un torero, un artista intenso, valiente, que en cada tarde de domingo salía al ruedo a arriesgar la vida porque amaba la fiesta brava. Y lo hacía por decisión propia.

Los toreros cuentan con un nivel muy alto de voluntad para atreverse a salir a desafiar a un toro. Su intención y atención están despiertas, ya que un solo instante de distracción les puede costar la vida.

Trabajamos varios días juntos para grabar las cápsulas para los programas de radio y tuve la oportunidad de conocer muchos aspectos del sentimiento mágico que mueve a un torero. Uno de los temas que quise abordar con él fue el del miedo.

—¿Sientes miedo cuando estás vestido con tu traje de luces y sales a partir plaza, sabiendo que llegó la hora de enfrentarse al toro?"– le pregunté.

—Sí– y me contestó–. Me invade una sensación llena de matices, entre miedo, gozo, reto, emoción profunda, algo muy difícil de explicar.

Después me contó lo siguiente:

—En mi vida de torero he sufrido muchas heridas peligrosas, *cogidas*, como decimos en el argot de los toros, y a pesar del sufrimiento y de los dolores que viví, en lo único en que pensaba era en el momento en que iba a torear nuevamente. Me esforzaba para que fuera lo más pronto posible y en poco tiempo estaba con el capote en las manos, entrenando. Pero hubo una cogida tremenda que casi me cuesta la vida y que me dejó postrado sin poder caminar por mucho tiempo. Sin embargo no me di por vencido; aunque los médicos me decían que ya no podría caminar bien y mucho menos torear, no les hice caso y me sometí a toda clase de terapias dolorosas y ejercicios que al principio creía imposibles de realizar. Después de dos largos años empecé a prepararme para regresar al toreo.

"Cuando me sentí capaz físicamente, fui a ver al empresario de la Plaza México para que me contratara y logré que me diera una fecha.

"En mi vida como matador de toros he tenido muchas tardes de gloria; por consiguiente, la responsabilidad de regresar y triunfar era mayor, tenía que regresar y hacer una gran faena.

"...Unos días antes de la corrida, me desperté con una angustia y un miedo espantosos. Estaba temblando, había vuelto a sentir miedo a la muerte nuevamente, como el día en que el toro me dejó sin poder caminar. Revivieron los dolores y sufrimientos de los últimos años, y me preguntaba "¿Cómo voy a torear si estoy aterrado?" Me levanté, salí a caminar por la hacienda y tomé la decisión: tenía que tener un mano a mano con el miedo, era la única forma de superarlo.

"Regresé a la casa, empaqué alguna ropa y me despedí de mi esposa. Le dije que me iba a ir por unos días, que aún no sabía a dónde, pero que necesitaba estar solo antes de la corrida para preparar mi alma, que quería estar con Dios y conmigo mismo; que por favor no me buscara nadie. Me subí a mi automóvil y partí. Después de algún tiempo paré en un pequeño hotel, no sé ni de qué pueblo, en medio de la nada, y tomé un cuarto.

"Allí pasé dos días en compañía de Dios y del miedo. Al cerrar la puerta del cuarto, no estaba solo, tenía un invitado especial: el temor; tomé dos sillas, las coloqué una enfrente de la otra, en una me senté yo y en la otra invité al miedo a sentarse. Lo quería ver de frente, conocerlo y dialogar con él, pasamos muchas horas juntos, sintiéndonos. Yo lo cuestioné sin darle descanso. Reconocí ante él que su energía era fuerte, que muchas veces me empujaba para mantenerme atento, despierto, me hacía darme cuenta; por instantes, me volvía consciente del peligro que me atraía y me hacía vibrar intensamente y en algunas ocasiones me paralizaba y no me permitía actuar. Me hizo ver que mi ego lo que más temía era a la muerte y cuando yo la desafiaba sobre la arena de un ruedo cualquiera, mi ego me amarraba con las cadenas del miedo para nulificar mi voluntad y sacaba mil máscaras para disfrazarse, inventaba excusas, disculpas, para poder ocultar las debilidades y se defendía culpando a los demás y a las circunstancias...

"...Esos dos días me hicieron ver otra realidad. Aprendí mucho de mí, me observé, me conocí, el miedo fue mi gran maestro. Me di cuenta de que llega lleno de frío y depresión inquieta. El día que pude dialogar con él le quité el misterio que es el hábito con que se cubre, mi mente lo desnudó y pude ver que no es real, que son mis pensamientos los que le dan fuerza, que si los cambio le quito fuerza y desaparece, que debo estar siempre atento y evaluar los riesgos, que no debo perder el enfoque ni por un segundo en cada paso que doy, en cada capotazo, en cada banderilla que ponga, y cuando me acerco a matar mi concentración debe ser total y precisa, sin perder el arte ni la emoción, que son lo que adorna el toreo, que debe estar presente siempre la pasión y el amor en la profesión de matador de toros.

"Esa tarde corté orejas y rabo. Regresé al ruedo valientemente como había soñado. Mi comunicación con el toro fue perfecta, le hablé bajito y con respeto en cada pase de la muleta y él me respondió igual, hubo armonía entre los dos envuelta en magia y llena de color, fue una bella danza de movimientos la que realizamos. Él cumplió con su papel digno y valiente de toro de lidia que fue para lo que nació, para poder morir con bravura en una tarde de domingo con una plaza repleta y delirante, y yo como matador de toros, satisfecho y orgulloso de haber logrado mi anhelo de regresar triunfante, con todas mis facultades despiertas y recuperadas, afirmando en mí que no existen los imposibles. Me sentía libre de cadenas, de creencias falsas y le agradecí a Dios profundamente el haber nacido.

No menciono el nombre de este gran torero, espiritual y valiente porque ya no se encuentra en este bello mundo y no le puedo pedir permiso para hacerlo. Pero estoy segura de que, en dondequiera que se encuentre, estará feliz al saber que su experiencia contra el miedo en este relato servirá para ayudar a otros seres a superar sus miedos.

Antídoto contra el miedo

El miedo le teme al amor

El miedo todo cierra,
El amor todo abre.
El miedo me vuelve chiquito,
El amor me hace grande.
El miedo de todo duda,
El amor cree en todo.
El miedo siempre juzga,
El amor todo comprende.

Cura para el temor: Afirmaciones contra el miedo

Lee las siguientes afirmaciones, una por una. Aunque veas que las frases son repetidas y parecidas, aplícalas, pues es la única forma en que la mente acepta el cambio de pensamiento. Hay que insistir y persistir hasta que la mente corrija sus errores.

Pon mucha atención, es la única manera de comenzar a aplicar el poder de tus pensamientos y sentimientos positivos para ir borrando tus miedos. Repítelas con Conciencia para que ejercites a tu mente y ésta acepte que tú eres capaz de enfrentar cualquier desafío en tu vida.

Cada afirmación te prevendrá sobre una actitud que manipula el miedo, debes estar atento a la clase de miedo que te maneja.

Afirmación

Mi ego terrenal se defiende porque no quiere morir ni cambiar, su arma principal es el temor; ahora que lo identifiqué, puedo vencerlo.

Yo no permito que nada me limite, aprovecho el privilegio de vivir libre y feliz, comprendo que soy un ser completo y capaz, para mí no existen los imposibles.

Afirmación

El miedo no me pertenece, nací libre, me lo contagiaron al ir creciendo, cuando comencé a creerme cuerpo. Con el paso del tiempo le he agregado toques personales al miedo y al aceptarlo, empecé a crearme mi propio infierno.

En este mismo momento estoy enfrentándolo para acabar con él por medio de la razón. Cuido mi cuerpo, lo quiero y lo respeto, pero veo con claridad que mi verdadero ser es mi parte espiritual y me doy cuenta de que es eterna, es algo que no voy a olvidar, me adentro en mi alma para conocerme.

Afirmación

El disfraz de la suposición

El miedo usa muchos disfraces para engañarme. Uno de ellos es la suposición; al suponer me quito la posibilidad de actuar y realizar mis sueños, me lleno de dudas y deformo la realidad.

Pierdo mi tiempo al suponer, es un juego de la mente que no se basa en la verdad. Por tanto, voy saltando en el camino las piedras que encuentro en mi paso de cuestionamientos y dudas.

Afirmación

Me doy cuenta de que el suponer me resta posibilidades, ¿Cómo pretendo prever acontecimientos futuros en mi vida y en la vida de los demás como si fuera vidente, asumiendo que son ciertas mis propias inseguridades?

No acepto este engaño, soy un ser racional y consciente. Por lo tanto, enfrento la realidad sin que la oculte la neblina de la indecisión. Estoy limpiando mi mente, estoy barriendo todo lo que me molesta, mi Conciencia está libre.

Afirmación

En lugar de suponer, observo y me aventuro a preguntar para informarme sobre lo que piensan mis semejantes. No tengo derecho de poner pensamientos míos en su mente, ni de llegar a conclusiones falsas sobre lo que ellos pretenden hacer.

Soy valiente y hablo de frente, no me quiero parecer a un gato que da mil vueltas antes de decidir dónde acurrucarse.

Afirmación

Si sólo dejo de suponer, eso me basta para evitarme malos entendidos y conflictos. Sé que no debo basar mi criterio sobre suposiciones que me restan oportunidades de logros en el trayecto de mi vida.

Avanzo con seguridad, ya que me merezco todo el bien que a diario Dios me ofrece. Tengo tanto por hacer, tantos sueños por traer a la realidad, tantos ideales por comunicar, que sería una pena que la corriente del viento se los llevara y me dejara vacío de ilusiones.

Afirmación

El miedo me aniquila, aun antes de morir, y me niega la posibilidad de ser libre para realmente vivir. Sé que cuando pierdo la seguridad en el bien, el miedo llega y se instala.

Estoy poniendo mucha atención, no voy a caer en sus garras. Miro al sol, me lleno de él y con tanta luz dentro de mí, me río de la oscuridad y del frío en el que pretende encerrarme.

Afirmación

Para superar mis miedos, primero los identifico, después los acepto y luego los enfrento. Trabajo en ellos para superarlos, entonces comienzan a ceder.

Me desapego de ellos, los dejo ir, entiendo que ya estoy arriba de ellos. Así soy libre y mis miedos se convierten en mis aventuras, ¡qué a gusto estoy dentro de mí, me preparo para gozar mi hermosa vida!

Afirmación

Sé que la preocupación es el resultado que me regala el miedo, preocuparme es perder lamentablemente mi valioso tiempo de vida, al suponer y temer siempre lo peor.

Yo no me privo del privilegio de disfrutar tantos instantes bellos de armonía y felicidad. Preocuparme es dudar de la Bondad de Dios, que es infinita, ya que todos los días me ofrece tomar una bendición de una gran vasija, y sólo de mí depende si la quiero aceptar.

Afirmación

Preocuparme es desgastar mi energía, yo quiero disfrutar plenamente del bien que me regala Dios.

Ya no me preocupo, mejor me ocupo. No dejo nada pendiente, me molesta sobremanera saber que dejo cosas inconclusas en mi vida.

Qué tranquilidad me da saber que con mi mente soy capaz de crearme armonía y paz. ¡Tengo tanto en el mundo por conocer y hacer! Todo el conocimiento y la felicidad están aquí a mi alcance y a mi disposición, ahora me ocupo de disfrutar cada instante.

Afirmación

Por caer en la enfermedad de la preocupación y de la prisa, no disfruto el día de hoy. Quiero huir rápido hacia lo que sigue, me tropiezo para llegar antes al futuro, sin percibir que tal vez ya no me quede más tiempo de vida, que quizás el día de hoy sea mi última oportunidad para ser feliz.

Camino en la vida sin prisa, disfrutando del paisaje y de mis vivencias. Tengo tanta seguridad en mi propio poder que nada me detiene.

Afirmación

E l miedo me desconecta de la vida y me aísla. Me vuelvo tibio para decidir y para actuar, el miedo me convierte en un mediocre.

Estoy consciente de que poseo esa Chispa Divina que me ha dado Dios. Por lo tanto nada me asusta, soy capaz de dialogar con el temor y ganarle la partida.

Afirmación

El miedo es incertidumbre, se forma por el temor a lo desconocido, al no saber qué es lo que me sucederá, al pensar que no es seguro el siguiente paso que voy a dar. Yo entiendo que la vida no es segura, pues nunca sé lo que viene después, debo adentrarme en el porvenir con valentía, ya que sé que la vida es un eterno misterio.

Yo soy un ser valiente y completo que sale día a día ilusionado para adentrarse en la aventura que le espera. Me cubro con el amor, me adorno con la alegría y me admiro a cada paso de toda la belleza que me rodea.

Afirmación

Al enfrentar mis miedos, salgo de su prisión y soy libre, dejo de sentirme víctima. Sé que en mis manos está la decisión de vivir en armonía, llenándome de amor y paz.

Me quiero y me respeto, no me vuelvo a quejar aunque encuentre en mi camino a personas negativas y miedosas que me quieren vender su temor. Me protejo cerrando las puertas de mi mente, pues mis pensamientos sólo aceptan aquello que es positivo, que me ayuda a crecer y me trae paz.

Afirmación

El enojo sin razón es miedo encapsulado. Sé que lo convierto en agresión, así es como se protege el ego.

Yo no permito que me manipule como a una marioneta, estoy sonriendo para vencerlo, cantando para aligerar mi alma. Entonces el enojo se disipa, ya que le tiene mucho coraje a la alegría.

Afirmación

Me doy cuenta de que la misión que vine a cumplir en mi estadía en el planeta Tierra puede quedar inconclusa por el temor y la preocupación. Toda mi energía la gasto en dudar y me quedo inmóvil, incapaz de actuar para realizar mi proyecto de vida.

No quiero que estas debilidades me encadenen; además, no lo permito, las paro en seco, afirmando con mis pensamientos que sólo el bien es real.

Afirmación

Estoy viajando hacia mi interior, me dirijo a mi espirituali-dad, sé que allí reside la fuerza para vencer a mis miedos. Nada me puede detener.

El tirano se siente valiente hasta que el cobarde quiere despertar.

Les aviso a todos los tiranos que andan buscando medrosos que no cuenten conmigo.

Afirmación

Al aprender qué es en realidad amar, comienzo a entender la importancia que tiene el compartirme con los demás, la importancia de no juzgar, servir y perdonar; en ese mismo momento, el miedo comienza a alejarse de mi vida.

Este día, firmo mi renuncia al miedo y esa fuerza Divina que poseo tiene el poder para poner a trabajar mi voluntad. Todo cambia en mi vida porque mi potencial es ilimitado.

Afirmación

Me libero de los miedos, sé que son las cadenas que me atan a la ignorancia y a la negatividad.

Sé que soy un ser completo, capaz de transformar mis pensamientos, mis sentimientos y mis actitudes, lo hago con facilidad y con gran satisfacción.

Estoy practicando mi Todo Poder, soy una persona valerosa, tengo la fuerza y la habilidad para superar cualquier crisis o peligro, estoy preparado para enfrentar con libertad todas las pruebas que la vida me ponga.

Creo en mí.

El miedo vive en la oscuridad temblando; el amor vive en la luz

•

No puedes ser sincero
si no eres valiente.
No puedes ser amoroso
si no eres valiente.
No puedes confiar
si no eres valiente.
No puedes investigar la realidad
si no eres valiente.
No puedes aventurarte en el
misterio de la vida
si no eres valiente.
Por tanto, la voluntad y la valentía
van primero delante de ti,
y todo lo demás va después.

•

OSHO

*Para llevar a cabo esta transformación,
lo más importante es tu voluntad.*

10. La fuerza de la voluntad

A propósito dejo el tema de la voluntad hasta el final del libro, para que se quede grabado en tu memoria y comprendas que, sin esta cualidad funcionando al máximo, no podrás lograr lo que te propones.

Para poder llevar a cabo tu transformación, debes entender cómo opera la energía de la voluntad.

Toda energía o fuerza debe ser controlada y orientada para que produzca resultados benéficos.

La voluntad nace del intelecto y del corazón; debe estar inspirada por una intención noble para que trabaje positivamente.

Debemos ejercer autocontrol, tener el dominio de nuestros pensamientos y sentimientos. Así, nuestros actos serán constructivos.

¿Cómo podemos pretender que las células de nuestro cuerpo obedezcan, si ni siquiera somos capaces de controlar sus más mínimos gestos y comportamientos habituales?

Primero debemos tener conocimiento sobre aquello que deseamos lograr, saber hacia dónde queremos ir y hacia dónde dirigiremos nuestro esfuerzo.

Debemos eliminar la palabra luchar de nuestra mente, porque, al pensar en luchar, ya estamos desperdiciando nuestra energía y nos cansamos antes de empezar. Cambiémosla por el término esfuerzo consciente, para que la mente actúe con inteligencia.

Observemos: ¿qué es lo que se hace antes de poner a trabajar una máquina? Primero, debemos saber de dónde se arranca y después, dónde está el interruptor para poder pararla. Y es que sin ese conocimiento tan simple, no podemos empezar a trabajar.

Lo mismo ocurre con la voluntad: debemos tener primero información sobre aquello en lo que vamos a poner nuestra atención y esfuerzo para que comience a operar nuestra intención.

La energía de la voluntad arranca con el deseo de hacer determinada actividad. Debe estar ya entrenada y disciplinada para aplicarla en la dirección correcta. Por eso es tan importante el autoconocimiento y el autocontrol.

A los niños se les debe educar desde muy pequeños con estos parámetros, para que lleguen a ser personas con éxito en todo aquello que emprendan. ¡Por favor, no con el propósito de manipularlos!, sino con la intención amorosa y respetuosa de educarlos libres, felices y triunfadores en aquello que les gusta hacer y que les causa placer; claro está, dándoles buen ejemplo como madres y padres.

El entrenamiento de la voluntad comienza al aplicarla en los pequeños detalles. Después, al pensar, sentir y practicar disciplinadamente el poder de la voluntad, se logrará proyectar su fuerza para enfrentar los desafíos de mayor envergadura.

¿Cómo podremos superar una enfermedad, si tenemos puesta constantemente nuestra atención en ella, observando los síntomas y sus consecuencias, en lugar de aplicar la atención en los pensamientos de salud? La mente, entonces, le manda órdenes a nuestras células para que se activen y comiencen a equilibrarse.

Lo peor que podemos hacer es darnos de latigazos con recuerdos del pasado, llenos de tristeza, de pérdida y sufrimiento, o preocuparnos por lo que pueda suceder en el futuro. Esta actitud lo único que logra es el debilitamiento gradual de nuestra voluntad.

Al tener el dominio de nuestros pensamientos, el sentimiento se controla y se dirige; nuestros actos entonces son congruentes y construyen. Todo aquello que deseamos realizar, debe estar cimentado en un ideal dirigido hacia el bien, no guiado por caprichos inspirados por el egoísmo.

Debemos cuidarnos de las reacciones de los instintos, porque responden automáticamente sin razonar y nos pueden llevar a cometer errores, aunque también, a veces, nos sirven como defensa para sobrevivir.

La voluntad maneja los impulsos que nos empujan, con una energía extra para realizar lo que deseamos.

Para corregir los hábitos negativos debemos utilizar la razón, pero la razón necesita tener información para poder trazar un plan y escoger la mejor manera de someterlos. La observación será nuestra aliada y nos llevará a conocer los motivos por los cuales los hábitos negativos se formaron. La voluntad en ese momento puede entrar a actuar, porque ya conoce el blanco perfecto a donde se va a dirigir.

Debemos poner nuestra voluntad al servicio del amor para que siempre produzca actos bondadosos y positivos.

El mundo sería mejor si nuestras voluntades se unieran para hacer el bien.

Pequeño cuento de voluntad

Era un día lluvioso, ideal para que las ranas buscaran nuevas lagunas, estanques o charcos para vivir o para divertirse.

Las ranas de este cuento deciden aventurarse y salen para realizar su búsqueda, se encuentran en el camino y juntas continúan adelante. Una de ellas es gordita, pues vive en el lago de una familia rica, es un lago muy bien situado, lleno de árboles y plantas donde hay muchos insectos para comer. La rana no tiene que hacer grandes esfuerzos para alimentarse y está malacostumbrada, tiene todo a la mano y se aburre con facilidad, así es que sale para divertirse y nada le es suficiente.

La otra rana es delgada, flexible y muy trabajadora porque nació en un estanque pequeño y con poca agua, así que casi no había vegetación y los insectos eran escasos. Entonces, decide buscar un lugar nuevo para vivir, lleva muchos días saltando, está cansada pero no desfallece en su búsqueda.

La rana gordita la mira despectivamente, pero la acepta como compañía porque no quiere estar sola.

Por fin llegan a un rancho en donde hay muchas vacas y encuentran muchos insectos apetitosos para comer. Éste es el lugar ideal, pero les urge encontrar agua para zambullirse y descansar... De pronto, se encuentran una cubeta llena de agua blanca y felices saltan dentro de ella.

Están gozosas, pero ya es tiempo de salir y comer; en su intento se dan cuenta de que es imposible salir de la cubeta, porque cada vez que lo intentan se resbalan.

La rana gordita está exhausta por tanto esfuerzo y su ánimo empieza a flaquear, la rana flaquita la anima para que continúe luchando y siga nadando, pero ella desiste, pues no tiene fuerza de voluntad. Al poco rato se hunde y se ahoga.

La rana flaquita, por el contrario, insiste, persiste y continúa nadando para no morir. Ya está muy cansada, pero no cesa en su esfuerzo. De repente se da cuenta de que sus pequeñas ancas empiezan a encontrar apoyo, ya que el líquido se ha endurecido, y pronto puede impulsarse y saltar fuera de la cubeta.

En ese momento escucha voces, ve a unos hombres que recogen la cubeta y se admiran, no entienden cómo aquella leche pudo convertirse en mantequilla por sí sola.

La rana, aunque no comprende qué pasa, se da cuenta de que la fuerza de su voluntad realizó un milagro para que se salvara.

•

La voluntad es mi escudo,
va siempre enfrente de mí,
mi voluntad no acepta
imposibles.

•

Afirmación

El primer impulso de voluntad lo apliqué al nacer, fue la energía poderosa del deseo de vivir la que puso a trabajar la fuerza de mi voluntad, esfuerzo que como ser humano realicé para salir del vientre de mi madre y respirar. Vivo gracias al poder de mi voluntad.

Mi voluntad es uno de los tesoros más grandes que poseo, la valoro y la practico. Éstoy consciente de que si quiero triunfar en la vida, diario tengo que hacer uso de ella.

Afirmación

Me doy cuenta de que sin voluntad me sería imposible hasta mover mi cuerpo. No podría pensar de manera congruente, no tendría la capacidad de crear.

Estoy poniendo toda mi atención para aplicar el poder de mi voluntad, estoy haciendo ejercicio con mi voluntad. Con la disciplina primordial para progresar, no hay nada que no pueda lograr.

Afirmación

Mi voluntad sostiene y mantiene el orden necesario en mi mente para poder disciplinar mi cuerpo, dándole fuerza a mi tenacidad para que mi intención se enfoque hacia la meta visualizada.

Estoy consciente de que los seres que en el mundo han sido héroes o triunfadores, se sostuvieron por su ilimitada voluntad. Yo estoy siguiendo su ejemplo.

Afirmación

Me doy cuenta de que por medio de mi voluntad, logro traer a la realidad mis anhelos; empleo su energía para superar mis hábitos negativos.

Mi voluntad debe estar entrenada, me esfuerzo y me esmero para tenerla siempre alerta y dispuesta. Si no uso mi voluntad se atrofia, estoy consciente de ello. Cumplo con lo que me propongo, ya sea con una dieta para adelgazar o esforzándome para dejar de fumar, de beber, de pelear o de flojear. En fin, estoy feliz de saber que soy capaz.

Afirmación

La intención es mi brújula, es lo primero que enfoco correctamente. Así, no pierdo el rumbo y llego a mi destino final. Si no tengo una intención definida, mis logros son confusos y mediocres.

Recuerdo que los momentos bellos que he vivido fueron definidos por una intención clara, pues no tuve que perder mi valioso tiempo tratando de averiguar en dónde perdí el sendero.

Cuando mi intención ya está definida, mi voluntad sabe dónde aplicar su fuerza.

Afirmación

P ara llegar a cumplir una meta debo hacer todo lo necesario para llevarla a cabo. Es una determinación de logro, es algo que he deliberado y meditado con anterioridad, para poder tomar una decisión.

Siento la tranquilidad de saber que tengo muchas opciones en la vida para lograr mis metas, pero mis opciones siempre van acompañadas de una intención definida y de mi voluntad férrea.

11. ¡Aleluya!

Has recorrido el camino que te lleva hacia

tu despertar; aplica en tu vida

todo lo que has aprendido en este libro.

No te quedes sólo con la información,

porque la información no va a

transformar en nada

tus experiencias.

12. Había una vez...

Había una vez un hermoso planeta llamado Tierra. Desde el espacio se veía de un color azul intenso, pues la mayoría estaba formado por agua. El diseño de Dios era perfecto: había enormes montañas, una vegetación exuberante y otras regiones desiertas de arenas doradas. El mar llegaba a descansar en las playas para acariciar la arena con sus olas, y para refrescar el aire había continentes llenos de nieve y viento.

Había seres vivos, un grupo interminable de animales. Todos cumplían con su ciclo de regeneración y servicio para no romper con la cadena de vida.

Dios, al contemplar Su reación, quiso que seres inteligentes y con Conciencia disfrutaran de su obra; entonces, creó a los humanos y pobló la Tierra con distintas razas.

A cada uno de los humanos les regaló un Átomo de su Energía y lo guardó en su corazón. Todos eran seres únicos, pues quiso que con sus cualidades y capacidades mantuvieran, conservaran y continuaran la vida. Debían multiplicarse, amándose y sirviéndose mutuamente, además ayudarse con respeto en el camino que debían recorrer para cumplir con su misión de vida.

Dios les concedió el libre albedrío para que tuvieran libertad de decidir y escoger, y así fueran dueños de sus propios destinos, pero al mismo tiempo debían asumir la responsabilidad de sus decisiones sin culpar a nadie.

Dios los premió con la bondad para que pudieran ayudar al amor a crecer.

Y sucedió que a medida que pasaba el tiempo los humanos comenzaron a darse cuenta del gran poder que poseían sus pensamientos. Supieron que ellos también eran creadores, y la soberbia los contaminó.

Comenzaron a creerse mejores que los demás. Dejaron de respetarse y decidieron ignorar la individualidad y la dignidad de sus semejantes. Fueron olvidando que eran seres espirituales, que eran almas que sólo estaban de paso por la existencia terrenal, que habían venido para aprender de ella y evolucionar.

Se creyeron sólo cuerpo, ya que su ego terrenal sólo deseaba demandar satisfactores para saciar sus sentidos corporales.

Comenzaron a cometer atrocidades con la Creación de Dios. A los seres humanos ya no les interesaba ser almas, sólo deseaban tener más poder, dinero y placeres, y alimentaban su intelectualidad para saber más, en lugar de buscar la sabiduría.

Al amor lo dejaron en un rincón del alma y se fue llenando de polvo y olvido.

Mas quedaban aún en la Tierra algunos seres excepcionales que seguían practicando la bondad, siendo ejemplos de amor, de servicio y de respeto. Estos seres buenos son los que se encargaron de sacudir el polvo del olvido que ha cubierto al amor en sus almas para así salvar al mundo.

Una gran mayoría de los humanos siguen dormidos, sumergidos en el sueño engañoso que produce la ignorancia, que da la inconsciencia. Cada día están más llenos de miedos y de dudas, continúan peleándose por tener más cosas materiales y más poder, muchos ya se han convertido en cosas también.

Dicen los Ángeles que Dios ya no va a permitir que continúen dormidos y que está haciendo que caigan lluvias de estrellas por doquier, que vienen llenas de Luz y Conciencia para alumbrar la Tierra y para sacarlos de la oscuridad. Muchos de ellos ya están recogiendo estrellas de Luz y Conciencia para iluminar su camino, han comenzado a recordar que son almas y que son hijos e hijas de Dios.

13. Oración para la hora de la decisión de Mahatma Gandhi

Señor, ayúdame a decir la verdad delante de los fuertes, a
no decir mentiras para ganarme el aplauso de los débiles.
Si me das fortuna, no me quites la razón.
Si me das éxito, no me quites la humildad.
Si me das humildad, no me quites la dignidad.
Ayúdame siempre a ver el otro lado de la medalla.
No me dejes inculpar de traición a los demás
por no pensar igual que yo.
Enséñame a querer a mis semejantes
como te amo a Ti y a no juzgar.
No me dejes caer en el orgullo, si triunfo.
Enséñame que perdonar es lo más grande del fuerte
y que la venganza es la señal primitiva del débil.
Si me quitas el éxito, déjame fuerza
para triunfar en el fracaso.
Si yo faltara a mis semejantes, dame el
valor para disculparme, y si la gente faltara
conmigo, dame valor para perdonar.
Señor, si yo me olvido de Ti, por favor
no Te olvides nunca de mí.

•

Si para ti la vida es divertida,

si aprecias y valoras

el privilegio de vivir amando,

si estás compartiendo tu bien con

tus semejantes y tu mundo,

es que ya encontraste a Dios dentro de ti.

•

Despedida

E spero, con toda mi alma, que este humilde trabajo te ayude en el camino hacia el despertar de tu Conciencia, porque sé que si decides despertar no te arrepentirás. Tu calidad de vida será mucho mejor, ya que encontrarás tu equilibrio, tu armonía y tu paz. En consecuencia tendrás salud mental, que se verá reflejada en todas tus experiencias de vida y serás feliz, comprendiendo al fin, que todos somos capaces de crear nuestros propios milagros al ser:

Hijos e hijas de Dios

Apéndice

¡Al ser consciente me doy cuenta de que todos debemos ponernos al servicio de la vida!

Reflexiones conscientes sobre la realidad

Por fin me doy cuenta de que debo estar pendiente de recordar los Principios y Valores Éticos para cimentar correctamente mis vivencias. Por desgracia, el ruido y el apuro del mundo moderno nos han ido alejando a los seres humanos de nuestra esencia espiritual, que es lo único que no muere.

Yo me niego a cometer este error; estoy consciente del rumbo que deben llevar mis pensamientos y sentimientos para mantenerme siempre en conexión con la fuente universal que es el Espíritu.

El consumismo, que me imponen los medios de comunicación, me ha llevado a atesorar cada día más cosas materiales, al grado de que si no estoy consciente también me puedo convertir en cosa.

Gracias a Dios, me doy cuenta de que no necesito tantas cosas materiales para ser feliz. Por el contrario, cuanto más tengo menos libre soy, pues por cuidarlas me ato. Temo que me las quiten, y el día que quiera volar hacia Dios me van a pesar mucho.

Si queremos salvar a la Tierra, todos los seres humanos debemos entender que la cuenta regresiva del tiempo ha comenzado, que el mal que le hemos causado al Planeta ya está hecho. ¿Yo qué voy a hacer, tú qué vas a hacer para detener este desastre?

Asumo con responsabilidad y gran respeto el deber de convertirme en un defensor de este mundo, quiero volverme un portavoz del amor, porque sé que el amor cura todo.

En la Tierra ya estamos comenzando a pagar las consecuencias de lo que nuestros propios actos inconscientes han desatado en la naturaleza y el ambiente.

Me avergüenza dejar una herencia nefasta a los que quedan atrás, es por eso que me disciplino y trabajo con Conciencia para salvar lo que aún queda con vida. Me dispongo a regalar mucho de mi precioso tiempo para solucionar tanto desastre.

Todos los desastres naturales que son irreversibles han sido anunciados durante años por los científicos, los ecologistas, los místicos, que desesperados han intentado hacernos ver la triste realidad que le espera al mundo.

Ofrezco mis manos para ayudar, mi alma para amar y apoyar a los que me necesitan, aporto mi esfuerzo total para ayudar a despertar la Conciencia en mí y en mis semejantes.

Tengo innumerables ejemplos de lo que la falta de Conciencia ha provocado en nuestro Planeta: el clima está cambiando por el calentamiento de la Tierra, la hambruna mata a muchas personas, en muchos países el agua es escasa o está contaminada. ¡Cómo es posible que no detuviéramos estos desastres a tiempo!

Estoy ordenando mi vida para ver con claridad dónde he fallado. Si no analizo todas estas experiencias negativas y las corrijo, no voy a poder avanzar en mi anhelo de ayudar y servir.

Sé que, como tú, soy un ser único. Lo que tú y yo hacemos es importante para continuar la cadena de vida en el mundo. Quiero contagiar a mis semejantes con mi deseo de ser consciente.

Realidad mundial

- En el mundo, 852 millones de personas tienen hambre.*

- Cada día, 16 mil niños mueren de causas relacionadas con el hambre, un niño cada cinco segundos.*

- En el mundo, 100 millones de niños no tienen educación.**

- El mundo gasta 10 veces más en armamento que en ayuda humanitaria.***

*   Bread for the World Institute.
**   UNICEF.
*** www.desarme.org.

Las fuerzas negativas rigen el mundo. Existen violaciones y actos crueles, terrorismo, raptos, asesinatos, todo en aras del fanatismo religioso, del poder y del dinero.

El fanatismo vuelve a las personas débiles, dado que no usan su razón, son manipuladas por intereses ajenos, por grupos o personas que las utilizan.

El poder y el dinero usan la ambición como su cómplice, ciegan la justicia y el respeto; por desgracia hoy día se han convertido en los líderes de muchos.

Me niego a cerrar los ojos y a cruzarme de brazos ante tantas injusticias, ante tanta inconsciencia que generamos los seres humanos. Me doy cuenta que es urgente que todos despertemos y hagamos algo drástico para cambiar esta realidad.

Yo ya estoy poniendo mi granito de arena, dando servicio que es la misión que debo cumplir y para la cual nací.

Ya somos muchos en el mundo, la sobrepoblación no se puede detener. La basura es un problema que nos sobrepasa por la cantidad de materiales que no son biodegradables.

Me hago el propósito de que de aquí en adelante prestaré atención a lo que estoy haciendo con la basura, ayudaré a que este problema tenga solución, sin juzgar ni culpar a los demás. El cambio empieza conmigo, estoy consciente de que no falta mucho tiempo para que el mundo se convierta en un gran basurero.

Analicemos más en detalle el tema de la basura.

¿Sabes cuánto tiempo toma en degradarse?

El vidrio	Nunca
La espuma plástica	Nunca
Un envase de plástico	100 años
El aluminio	De 60 a 100 años
El cuero	De 25 a 40 años
Las bolsas de nylon	De 10 a 20 años
Las latas	10 años
Cajas de leche	Cinco años
Los chicles	Cinco años
Las colillas de cigarro	Uno a dos años
El papel	Seis meses

Éstos son datos reales que nos pueden dar una idea del gravísimo problema de la basura. No hablamos de la basura tóxica, que es la que está envenenando los manantiales de agua al filtrarse a los mantos subterráneos. Todavía no sabemos dónde tirar esta basura.

La Tierra, el aire, los mares, los ríos están contaminados, y éste sólo es el tema de la basura.

El inmenso poder de la tecnología sobrepasó a la humanidad. Las actividades de trabajo que eran realizadas por seres humanos ahora lo son por máquinas, faltan cada vez más las fuentes de empleo y en el futuro se matará por un trabajo.

Sé que es un privilegio vivir en esta era con tantos avances en todas las ramas de la tecnología, pero no voy a permitir que nos suplan a los seres humanos por máquinas que no saben amar, ni sentir. Gritaré muy fuerte para despertar a los dormidos materialistas.

La falta de Conciencia de las personas que en la actualidad manipulan genéticamente las semillas para volverse los únicos dueños de la alimentación en el mundo, está convirtiendo a los países pobres en sus esclavos. Asimismo, el uso indebido de hormonas en la crianza de animales, para obtener un mayor y más rápido desarrollo corporal de los mismos ya comenzó a afectar al ser humano.

Al darme cuenta de esta realidad, admiro y respeto aún más la perfección con la que Dios creó al mundo, lo que Él creó no hace daño.

Yo no acepto esta degradación. Trabajo con mis cualidades para evitar que esto siga ocurriendo, voy sembrando en el camino palabras y actos conscientes en la mente de mis semejantes.

La inconsciencia de los que habitamos el planeta es tanta, que hemos hecho caso omiso del mal. De este modo seguimos viviendo en nuestra comodidad egoísta y superficial una enorme parte de la raza humana. Ignoramos que las posesiones materiales se vuelven polvo, y que el poder y la vanidad se van quedando olvidados en el tiempo.

Me doy cuenta, no me voy a dejar arrastrar por la superficialidad, el egoísmo y el desamor. Quiero cambiar esta realidad ahora mismo, acudo al ejemplo de que las almas buenas y conscientes me han dejado a través de los años para imitarlas.

• *Conclusión* •

Todo este drama que hemos provocado debe ubicarnos, es un llamado urgente al despertar de la Conciencia en cada uno de nosotros. No debemos permitir más guerras que aniquilan a millones de seres humanos sólo por el poder y el control de los intereses económicos.

Debemos aprender de nuevo a amar y a respetar; eso lo conseguiremos sólo si cambiamos nuestra forma de pensar, de sentir y de actuar. Juntos debemos remendar todas las fallas que hemos cometido, pedirle disculpas a la Madre Tierra por lo que le hemos hecho, y arrepentirnos de todas las heridas que le hemos causado a la dignidad humana.

Yo ya me di cuenta, ahora comprendo el significado tan poderoso de la Conciencia.

Sé también que el Poder de la atracción funciona en mi vida, que mis pensamientos crean mi realidad.

Que la Chispa de Dios en mí me ilumine

Despierta tu conciencia, de Lilia Reyes Spíndola
se terminó de imprimir en octubre de 2007 en
Gráficas Monte Albán, S.A. de C.V.
Fracc. Agro Industrial La Cruz
El Marqués, Querétaro
México